U0689870

新时代智慧旅游中职应用型人才培养与实践研究

蒲世民　著

中国纺织出版社有限公司

内 容 提 要

　　随着旅游业的蓬勃发展,智慧旅游的影响越来越广泛,推动了旅游产业的高质量发展。基于新时代智慧旅游的发展,本书深入研究中职应用型人才培养与实践,势必全面提升旅游人才的素质和能力。书中首先简明扼要地阐述了培养旅游人才的研究背景与研究意义,分析了新时代智慧旅游中职应用型人才培养的现状,指明了智慧旅游中职应用型人才培养存在的问题,探讨了旅游人才培养的对策与路径,总结了智慧旅游时代应用型中职旅游人才的培养路径。全书结构合理、内容翔实,以期为智慧旅游发展和人才培养提供参考和借鉴。

图书在版编目(CIP)数据

　　新时代智慧旅游中职应用型人才培养与实践研究 / 蒲世民著. — 北京 : 中国纺织出版社有限公司,2023.8
　　ISBN 978-7-5229-0922-6

　　Ⅰ.①新… Ⅱ.①蒲… Ⅲ.①旅游教育—人才培养—研究—中等专业学校 Ⅳ.①F590

　　中国国家版本馆 CIP 数据核字(2023)第167222号

责任编辑:张　宏　责任校对:高　涵　责任印制:储志伟

中国纺织出版社有限公司出版发行
地址:北京市朝阳区百子湾东里 A407 号楼　邮政编码:100124
销售电话:010—67004422　传真:010—87155801
http://www.c-textilep.com
中国纺织出版社天猫旗舰店
官方微博 http://weibo.com/2119887771
北京虎彩文化传播有限公司印刷　各地新华书店经销
2023 年 8 月第 1 版第 1 次印刷
开本:710×1000　1/16　印张:14.75
字数:186 千字　定价:98.00 元

前　言

中国特色社会主义进入了新时代,我国经济发展也进入了新时代。旅游业作为国民经济的战略性支柱产业,无论是从国家宏观发展要求,还是从自身发展需要的角度而言,都到了从高速旅游增长阶段转向优质旅游发展阶段的关键节点。我们要按照高质量发展要求,推动优质旅游。中国的中职教育发展迅猛,以应用型高技能人才培养为目标的我国职业教育已进入快速发展时期,涌现出一批教学改革成效较大、办学特色较鲜明、办学实力较强的应用型中职院校,为社会主义现代化建设事业培养了大批急需的各类专门人才,提高了劳动者的素质,有力地促进了我国中职教育大众化,对建设社会主义精神文明,促进社会进步和经济发展起到了重要作用。但是,新时代智慧旅游中职应用型人才的培养也暴露出一些与社会需求不相适应的问题,从应用型人才培养工作的全局看,发展还很不平衡,还存在着办学特色不甚鲜明、教学基本建设薄弱、课程和教学内容体系亟待改革等问题,特别是人才培养模式存在着诸多缺陷,导致了人才培养的质量出现了极不理想的状况。基于此,笔者编写了本书。

本书共六章,绪论介绍了新时代智慧旅游中职应用型人才培养与实践的研究背景、研究综述、相关概念及理论基础。第一章为新时代智慧旅游应用型人才培养现状,介绍了智慧旅游的构成、发展历程、基于校企合作的旅游人才培养以及基于实践与创新能力的旅游人才培养。第二章为新时代智慧旅游应用型人才培养存在的问题。第三章为新时代智慧旅游应用型人才培养通用模式,包括"双元制"人才培养模式、"三明治"人才培养模式、TAFE 人才培养模式、CBE人才培养模式以及"产、学、研"合作人才培养模式。第四章为新时代智慧旅游应用型人才培养的课程体系。第五章为新时代智慧旅游应用型人才培养的实践教学体系。第六章为新时代智慧旅游应用型人才培养的师资队伍建设。

　　本书在编写过程中参考并引用了国内外大量相关文献与资料，在此，谨向文献与资料的作者致以真诚的谢意！由于笔者知识水平和能力有限，书中错误和不足之处在所难免，恳请各位专家以及广大读者批评指正。

著　者

2023 年 6 月

目　录

绪　　论 ·· **001**

    第一节　研究背景 ······································· 001

    第二节　研究综述 ······································· 004

    第三节　相关概念及理论基础 ······················· 019

第一章　新时代智慧旅游应用型人才培养现状 ·········· **029**

    第一节　智慧旅游的构成 ····························· 029

    第二节　智慧旅游的发展历程 ······················· 034

    第三节　基于校企合作的旅游人才培养 ············· 038

    第四节　基于实践与创新能力的旅游人才培养 ······· 045

第二章　新时代智慧旅游应用型人才培养存在的问题 ·········· **051**

    第一节　智慧旅游总体发展的问题 ··················· 051

    第二节　智慧酒店、景区、旅游类 App、文化创意与

            策划发展的短板弱项 ······················· 054

    第三节　当前制约我国应用型中高等教育人才培养的

            内外因素 ································· 060

第三章　新时代智慧旅游应用型人才培养通用模式 ·········· **091**

    第一节　旅游管理"双元制"人才培养模式 ··········· 091

    第二节　旅游管理"三明治"人才培养模式 ··········· 100

    第三节　旅游管理 TAFE 人才培养模式 ··············· 110

    第四节　旅游管理 CBE 人才培养模式 ················ 120

    第五节　旅游管理"产、学、研"合作人才培养模式 ······ 123

第四章　新时代智慧旅游应用型人才培养的课程体系 ………… **131**

　　第一节　我国旅游专业课程体系的发展现状 ………… 131

　　第二节　旅游专业应用型人才培养课程体系的

　　　　　　构建 …………………………………………… 140

　　第三节　旅游专业应用型人才培养课程体系的实施

　　　　　　策略 …………………………………………… 155

第五章　新时代智慧旅游应用型人才培养的实践教学体系 …… **161**

　　第一节　我国旅游专业实践教学的现状及问题 ……… 162

　　第二节　国外旅游专业实践教学的成功经验及

　　　　　　启示 …………………………………………… 169

　　第三节　旅游专业开放式立体化实践教学体系的

　　　　　　构建 …………………………………………… 174

　　第四节　旅游专业实践教学考评体系的构建 ………… 184

　　第五节　旅游专业实践教学体系运行的保障措施 …… 189

第六章　新时代智慧旅游应用型人才培养的师资队伍建设 …… **197**

　　第一节　旅游教师的职业分析 ………………………… 197

　　第二节　旅游专业师资队伍的建设现状 ……………… 203

　　第三节　旅游专业化的师资队伍建设 ………………… 206

参考文献 ……………………………………………………… **225**

绪　　论

第一节　研究背景

一、时代发展背景

我国旅游业的诞生是以"华侨服务社""中国国际旅行社"这两个旅游机构的建立为标志的。经过五十多年的发展,我国旅游业经历了开创、改革振兴和全面发展三个阶段。近几年,全球旅游产业保持着持续迅速发展的态势,根据世界旅游组织的统计:2020 年,全球出境旅游达 14 亿人次,其中,亚太地区的旅游产业发展前景更为乐观,接待 4.17 亿人次的入境旅游者,中国将超过美国成为最受青睐的旅游目的国,接待入境旅游达到 1.37 亿人次,占全球国际入境旅游市场8.6%的份额;到 2030 年,全球国际旅游人数预计达到 18 亿,且大部分的增长将来自前往亚洲国家旅游的游客。这就意味着,我国的旅游行业将出现前所未有的繁荣景象,一方面,旅游从业人员的数量将快速增长;另一方面,也需要大批高素质的旅游专业人才,为国际、国内旅游者提供优质服务。

"十二五"时期是我国旅游业快速发展、调整转型的关键时期,2009 年 11 月,国务院常务会议讨论并通过了《国务院关于加快发展旅游业的意见》（后称《意见》），提出"把旅游业培育成国民经济的战略性支柱产业和人民群众更加满意的现代服务业""要破除体制机制性障碍，充分发挥市场配置资源的基础性作用，走内涵式发展道路，坚持以人为本，安全第一，不断满足人民群众日益增长的旅游消费需求""加强旅游从业人员素质建设，整合旅游教育资源，加强学科建设，优化专业设置，深化专业教学改革，大力发展旅游职业教育，提高旅游教育水平"。《意见》为大众增进了旅游休闲方面的国民福利，为我国旅游业新一轮腾飞确定了方向。国家陆续出台的关于加快旅游业发展的一系列政策措施，大大促进了我国旅游业发展总体规模的扩大和旅游服务质量的进一步提高。与此同时，对高素质、高质量的旅游优秀人才的需求也将进一步扩大。《国家中长期教育改革和发展规划纲要》强调要"调整人才结构，扩大人才发展规模，提高整体人才素质，进一步扩大管理型、创新型、技能型人才培养规模，加快人才的全面发展"。这意味着旅游业的快速发展和调整转型，以及拉动旅游就业的优势，对旅游人才培养提出了更高、更多的要求，我国不仅需要培养研究型人才，更需要培养大量应用型人才。

旅游行业的人力资源素质，已逐渐成为一项衡量一个国家旅游竞争力的重要指标，然而，我国目前的旅游人才队伍却存在着数量严重不足、总体质量偏低、结构严重失衡等问题，这些问题已逐步成为制约我国旅游业发展的瓶颈问题。我国中职学校旅游专业的设立始于 1979 年上海旅游高等专科学校的创建，经过 40 多年的建设和发展，旅游中职教育如今已经有了相当规模，形成了多层次、区域分布广泛、办学主体多元化的旅游教育格局。我国中职旅游教育的发展为旅游业及相关产业培养、输送了众多人才，为旅游业的发展作出了重要贡献。然而，一些旅游企事业单位人才数量、质量等各方面的调查显示：我国中职旅游专业的教育仍然存在着特色不突出、重理论研究素质培养轻实践应用能力培养、职业适应能力不强等问题。在旅游行业,具有高素质专业技能的应用型人才紧缺,供需错位问题明显,毕业生进入工作岗位后,难以将理论与实践相结合,无法直接顺利完成从学生到员工的角色转换。旅游业人才队伍的整体水平不高以及队伍结构失衡对旅游业发展的影响和制约作用已日益显现,应用型旅游人才已成为我国旅游业紧缺的人才之一。因此,旅游院校需要深入分析探讨旅游人才的需求规律、教育规律以及培养模式,从而提高旅游人才的培养质量,为旅游行业的未来发展提供有力的人才支撑,以此促进我国旅游业健康有序发展。

二、理论研究背景

随着我国旅游产业的发展,旅游业人才培养问题日益受到关注,对我国中职旅游业人才培养问题的研究和探索的进展也比较快。目前,在中国学术期刊网上(CNKI)以篇名搜索旅游专业应用型人才培养模式研究的相关文献有 1067 篇(经过筛选),其中,以"旅游人才培养"为篇名的相关研究有 789 篇,以"旅游专业应用型人才培养模式"为篇名的相关研究有 79 篇,以"我国旅游人才需求分析"为篇名的相关研究有 143 篇,以"国内外旅游人才培养模式比较及借鉴"为篇名的相关研究有 7 篇,以"旅游专业应用型人才培养的目标定位与规格设计"为篇名的相关研究有 4 篇,以"旅游专业应用型人才培养的课程体系"为篇名的相关研究有 11 篇,以"旅游专业应用型人才培养的实践教学体系"为篇名的相关研究有 30 篇,以"旅游专业应用型人才培养的师资队伍建设"为篇名的相关研究有 3 篇,以"旅游专业应用型人才培养的质量保障体系"为篇名的相关研究有 1 篇。可见,相关研究的热点集中在"旅游人才培养""旅游人才需求""旅游专业人才培养模式""旅游管理人才培养的实践教学体系"四个方面,而对旅游管理专业"课程体系""培养目标定位与规格设计""师资队伍建设""质量保障体系"等方面的研究相对较少。

第二节　研究综述

一、国外研究概况

根据相关文献资料的搜索,国外文献中与旅游专业应用型人才培养模式相关的研究较少。相关研究主要集中在旅游人才的培养模式、旅游教育的管理模式,校企联合培养的路径,政府参与旅游教育的程度和方式,旅游教育的发展趋势,区域性旅游教育的发展现状和特征以及发展趋势,区域旅游的教育比较,旅游教育改革的内容和发展趋势、教学模式、课程设置、实践教学等方面。本节将着重分析国外旅游人才的培养及教育发展趋势,区域性旅游的教育研究、教学模式、课程设置、实践教学等五个方面的研究情况。

在旅游人才的培养及教育发展趋势方面,克里斯多夫和西加尔分析了国际旅游教育界在旅游教育改革方面的主要观点,且预测全球旅游教育中学术性与专业性水平的提高会成为 21 世纪旅游的必然趋势;丘奇亚德和莱利着重分析了旅游行业与旅游教育之间的关系。

在区域性旅游的教育研究方面,查尔斯研究了加勒比海地区旅游教育与培训在 21 世纪的前景;卡歇尔分析预测了将来澳大利亚旅游教育的发展趋势;克里斯多夫和西加尔研究了印尼旅游教育;塞尔吉奥等人从学术教育评价角度研究了英国的旅游教育与教学;桑德罗比较研究美国和欧洲国家的旅游与酒店管理专业教育,并分析其未来发展趋势。

在教学模式方面,桑德斯等认为,学校、家庭与各社会组织都有责任为教育体制改革做出努力,特别提出了关于学生培养与社会需求相协调、与国际接轨的问题;富尔克等认为,校企合作办学应该从企业需求出发,加大学生职业技能培训力度,并激发学生的研究兴趣。

在课程设置方面,拉姆和肖红根指出中国旅游中职教育目前面临的一个关键问题是课程设置是否合理,这一问题已经成为中国旅游教育供需能否和谐的主要制约因素。

在实践教学方面,贝克顿等主要研究了旅游业中培训需要与培训方法的相关性;镧主张学校要加强实践教学基地建设,努力促进教育实践活动的展开,取消以往无效的重复练习、机械的教学及课程等,主张采用真才实干的人才培养方式。镧的主张为教学方式的改革注入了活力,伴随实践教育思想的日益繁荣,提倡实践教学基地建设的观点与日俱增。凯尔克特曼提出了完善 CBE(Competency Based Education,以能力为基础的教育)模式的有效措施和落实能力本位的基地建设价值取向,并主张形成教师与学生的互动机制以及建立严格的政府与社会保障制度,以促进 CBE 模式在提升学生实践能力上更好地发挥作用;特松提出了"理论与实践相结合、以人为本、职业化"的实践教学基地建设原则,并主张建立完备的职业技术教育体系;雷布尔德对 TAFE(Technical And Further Education,技术与继续教育)有着较为系统的研究,他主张 TAFE 教育模式应分为三个层次:一是以获取 1～4 级职业证书为目的的教育,二是以获取职业文凭为目的的教育,三是以获取高级职业文凭为目的的教育。

二、国内研究概况

我国自 1979 年创建上海旅游学校以来,旅游教育经过 40 多年的建设和发展,大致经历了萌芽(1978—1987 年)、巩固发展(1988—1996 年)、规模扩张(1997—2009 年)、内涵提升(2009 年至今)四个发展阶段。我国的旅游教育一开始呈现出起步晚、发展速度较快的特征;后来,旅游业快速发展,对旅游人才的需求量剧增,带动了旅游教育事业的快速发展,旅游教育呈现数量增长快、外延发展迅速的特征。

随着旅游教育事业的发展,与人才培养相关的研究也同步发展。

中国学术期刊网上（CNKI）的检索显示，1994 年以前，国内与旅游教育人才培养的相关研究非常少；1994 年开始，相关研究快速增长；2000 年后更有突飞猛进的增长。国内旅游教育人才培养的相关研究主要集中在七个方面：

（一）我国旅游人力资源的开发

学者们认为，我国旅游人力资源方面存在人才紧缺、总量不足、结构失衡等问题。

陈志学等分析了我国"旅游人才开发与旅游业发展""人才需求与人才供给""人才数量与人才质量""从业人员资格准入与在职培训""院校培养与继续教育""培养人才与使用人才""人才流动与人才稳定""宏观管理、行政开发与微观管理、市场开发""'请进来'开发与'送出去'开发""显能开发与潜能开发"等十个方面的关系，力求从整体上把握我国旅游人才开发管理的基本现状与发展趋势。曾月征等通过分析我国旅游人力资源开发的有利及不利条件，提出要提高旅游人力资源的开发意识，健全制度，加强培育和培训工作，稳定队伍。陈安峰通过实证分析影响旅游专业学生的就业因素，提出薪酬福利、工作环境、行业预期、社会就业观、就业指导、人才培养等因素都会对旅游专业学生劳动力供求均衡产生了影响的观点，并提出旅游人才供需双方积极调整，培养高素质人才，增强就业吸引力的建议。韦明体等认为在当今旅游行业竞争日益激烈的情况下，发展和培养旅游人力资源已是提升我国旅游业国际竞争力和持续健康发展的重要保障和前提，同时也是现代旅游业发展的战略性任务，21 世纪的今天，行业间的竞争，即人才的竞争，发展旅游人力资源便是解决旅游业竞争的制胜因素之一。徐仁立认为在产业融合的背景下，红色旅游人力资源开发是一个超出一般企业、行业范围的庞杂的系统工程。根据旅游产业的构成要素，他提出红色旅游人力资源开发可以分为核心、支撑、依托、支持与后备五个层面，具有群众性、政治性、知识性、兼容性与创新性强的特点。此外，他还提出了更新观念、统一规划、注重内容和形式创新、加强资源整合及管理等开发措施。廖萍等认为旅游经济发展依赖的战略资源重点已转向人力资源,旅游人才优势需要变成真正的经济优势和社会优势,同时指出,针对旅游人力资源开发和管理存在的管理观念滞后、管理制度简单、培养机制不健全、人才紧缺、员工整体素质偏低、员工流失快、人才稳定难等问题,要树立强烈的人才意识,建立"以人为本、服务行业"的人力资源管理理念,建立规范化的人才资源管理体制,坚持"企业、员工共同发展"的双赢理念,创造良好的制度,优化人才环境,加强旅游队伍建设,多渠道、多形式培育和壮大旅游人才队伍。我国旅游人才需求方面的研究观点主要是需求量大,要加强旅游人才队伍建设。金茨萍等分析了江西省旅游人力资源的现状及问题,提出一些开发江西旅游人力资源的措施,即创建江西省旅游人才队伍建设的良好机制、进一步稳定旅游人才队伍,尤其是加大江西省旅游企业家队伍的建设力度,制订全面、系统、科学的旅游人才培养规划,切实加强旅游人才的队伍培养,开辟"绿色"通道,积极引进江西省旅游经济发展急需的高层次专业技术人才。叶全良从旅游管理专业学生择业危机谈起,解析了旅游教育存在的诸多弊病,阐明了为旅游企业培养职业经理人的必要性和紧迫性,系统地论述了如何构建职业经理人的人才培养模式,提出学校投资或控股、"管理合同"的方式、"优惠政策"三个建设固定实习基地的路径。

(二)旅游人才培养与旅游教育问题

学者们深入研究了旅游人才培养及旅游教育中存在的问题。保继刚等基于对大量旅游学校的调查,发现它们在不同程度上普遍出现了旅游教育萎缩的问题,其主要原因是旅游行业对人才的需求特点与教育体制下的人才培养模式之间存在矛盾,由此提出从提高学生就业层次入手,使旅游教育由萎缩转向成长的策略。何海燕等提出了旅游教育萎缩、旅游人才市场需求不足、毕业生非旅游行业就业三者之间的悖论现象,运用供求理论分析了在高价格低弹性、低价格高弹性的两条需求曲线下，供需均衡的确定，指出三方悖论产生的原因是旅游教育的需求认知和培养方向错位，同时提出了细化专业、建设特色教育品牌、建设网络课程体系、提高管理实践能力、创建多项实习组合模式和虚拟师资系统等六个突破点。伍延基将目前国内旅游教育存在的问题归纳为三方面，一是学科地位定位不准、专业设置片面；二是教材、师资与实际需求尚有相当距离；三是人才培养方向模糊、模式单一。李力等以经济学理论、模型为工具，运用西方经济学理论中经济人的假设和定义、理性预期理论、效用最大化理论以及外在性与公共物品理论，探索合理管理学生预期、提高教育体系运行效率的改革思路。纪培玲等在社会调查和实证数据比较的基础上，剖析了近年来旅游业人力资源、旅游院校人才培养的现状，指出总量平衡——宏观协调和单体失衡——微观失调的人力资源矛盾，提出应重新调整人才培养结构，并根据产业发展对人力资源的需要，分层次开展个性化的培养模式设计，以提高人才培养效果。谢春山等认为我国旅游中等教育存在五大悖论，即旅游行业人才需求的多样化与旅游中等教育人才培养的同质化、旅游行业对人才要求的专业化与旅游教育培养目标的综合化、旅游行业对人才需求的双重性与旅游教育人才规格的单一性、旅游院校数量扩张的超前性与师资队伍和专业教材建设的滞后性、旅游业发展态势的高涨性与专业认可度和业内就业率的低下性，并提出加强养成教育、树立专业意识、构建动态的旅游人才培养模式、打造素质高能力强的师资队伍等对策建议。魏小安等从旅游管理专业前景、学科建设、人才培养模式三个角度入手，认为我国从旅游大国到旅游强国的转型发展需要的不仅是人才数量的增加，更重要的是要求旅游院校培养出高质量、有竞争力的旅游专门人才，旅游教育应该结合实践需求，设置专业突出的细化原则，并指出旅游学科是实证性很强的学科，应该在学术研究、教学方法等方面突出实践性的要求，人才培养模式上则应突出养成训练，强调教师、教材、学生三方互动，协同发展。郎玉屏分析了我国旅游教育在人才培养方面存在的问题,并就我国未来旅游人才培养的方向和途径提出了建议。何建民认为,我国旅游教育在规模扩大的同时,也存在专业设置、人才培养模式不合理等诸多方面的问题,并指出这些都与我国旅游教育发展的准确定位与创新方向有关,需要运用战略管理理论思考解决。霍利华从旅游管理专业设置、学科建设、人才培养模式等几个角度入手,深入分析和探讨了旅游管理专业建设中存在的问题,以期切实地解决问题,推动我国实现从旅游大国到旅游强国的成功转型。

(三)旅游管理专业人才培养模式

学者们提出了校校、校企、校政企、国内外联合培养等多种旅游管理专业人才培养模式。

杨杏芳从多个视角对人才培养模式实行分类,以德、智、体的整体性为标志,归纳为浑一模式、解析模式、系统模式三种演进形态;同时,根据人才的关键特征,她提出人才培养模式存在百科全书式—专才—通才—复合型人才四个发展阶段,并提出五种人才培养模式,即百科全书式、全才式、专才式、通才式和复合型人才教育模式。此外,她还指出从文化与教育的关系看,人才培养模式经历了科学与人文浑一式、科学式、科学与人文融合式三种模式;而从人才接受科技知识教育的方式和途径看,则经历了学徒式、专业式、协作式三种模式。陈钢华将国内旅游院校人才培养合作模式分为"院校—企业""院校—院校""院校—旅游组织"及"多方参与综合型"四种类型,分析了影响模式选择的六大因素,即培养机构设置、办学理念、办学层次、培养目标、办学条件、办学质量与声誉。胡善风等提出校企合作课程设置的"211"模式,即 2 年的素质培养、1 年的专业训练和 1 年的提升训练。其中,"2 年的素质培养"是指在一、二年级实施通识教育,构建宽泛的基础知识结构,以达到宽口径、厚基础的目标,着重提升学生的专业素质、基础能力、社会公德和个性品质,为旅游管理专业的学习打下基础;"1 年的专业训练"是指在三年级按学科知识体系开展专业训练,为学生具备专业知识、能力和素质打下扎实的基础,以提升学生的专业技能、专业素质和创新能力;"1年的提升训练"是指在四年级为培养应用型旅游管理人才奠定更广泛的专业口径,以增强人才培养的实效性。

陆林等从旅游管理专业教育人才培养的目标定位、价值取向、教学模式及支持体系等方面入手,提出了旅游管理专业教育创新发展的"1234"模式,即确立职业经理人后备人才的培养目标,遵循市场化和国际化的价值取向,坚持以案例教学为载体的理论教学、以实习实训为重点的实践教学和以职业训练为核心的第二课堂的"三驾马车"为引领,加强学科基础体系、产学研合作体系、师资队伍体系和教学管理体系四个体系的支持保障。苏志平等研究了独立学院开设的旅游管理专业以注重校企结合、产学结合为特点的应用型旅游人才培养模式。覃业银研究并构建了"一式、一主、三化"的中俄应用型旅游人才合作培养模式。张航认为,考虑到中外合作双方各自的教学中心及专业复合的难度,"二二分段、一年加强"是创新性实用型俄语人才最佳培养模式,即将俄语教育分为国内和国外两个阶段实施;同时,学生可依据兴趣和市场需求选择经济、旅游、法律等专业辅修1年,以此基本了解专业理论框架、实践专业操作基础知识,初步了解和掌握某专业基础知识,为深入学习及就业奠定专业基础。

赵阳等针对旅游业的特点和旅游教育的独特规律,讨论了"能力本位"的旅游教育理念,提出了通过渗透职业能力培养达到塑造人才创新能力的思路。余子萍等认为旅游职业经理人培养应定位于应用型人才,以服务社会为宗旨,坚持就业导向、理论教学、实践活动和职业道德教育有机结合,并应在专业文化、师资力量、创新意识、课程体系、实践模式、学生管理等方面全方位推进,提升学生的职业能力。李佳在构建商务旅游人才胜任力模型基础上,提出了构造胜任型教学体系,突出隐性特质培养和拓展国际化视野的商务旅游人才培养策略。陈学清等在分析旅游应用型人才特征的基础上,提出以培养实际应用能力为主线突出实践教学特色,以合作办学为主导思想,走产学研一体化道路等旅游管理专业人才培养的相关建议。张定方等提出了"双创"应用型旅游人才培养模式,并从旅游人才的知识、能力、素质结构三个方面予以构建。杨芳提出明晰旅游管理专业人才培养目标,联合政府、学校、企业三方,采用以职业活动为核心的课程模式、以任务引导型为主导的教学手段,建设以"双师型"为主体的师资团队,构建旅游管理专业"双元制"人才培养新模式。范士陈等通过设定培养目标、调整专业课程体系、提高教学质量、改善教学制度与环境、设定反馈机制等措施探索了国际水准旅游人才培养模式。

马勇等将我国旅游人才的培养特点概括为"规模庞大、层次模糊、专业同质、学不致用",并提出了四大人才培养模式:一是人才培养布局模式,重点在于有效控制规模;二是人才培养层次模式,重点在于合理定位层次;三是人才培养专业模式,重点在于正确区分专业;四是人才培养方向模式,重点在于方向各有侧重。同时,他又从人才目标培养、教学方案优化、师资队伍建设、专业考核评估及教育格局优化五方面构建了人才培养的质量保证体系。马勇还构建了"三位一体、四轮驱动"的应用型旅游人才培养模式,并解析了要素系统和质量保证体系,指出该模式的优点在于以系统观点整合旅游系统各子要素。邹统钎等通过梳理国内外旅游人才培养模式的研究,按着眼点归纳为基于教育改革、行业需求与国际合作三种视角的人才培养模式,并提出开放实习机制、综合课程体系、创新科研氛围和国际合作机制等四个因素是保证旅游人才培养质量,进而帮助本专业学生提高专业素养和实操能力以满足产业需要的基本决定因素,同时,这四个因素具有双向作用,形成钻石体系。杨卫武分析了大旅游格局下的旅游教育人才培养供需匹配问题,研究了我国旅游人才培养理念和模式的变革与发展,提出了适应大旅游格局的旅游教育的发展途径,即提振专业信心,集中办学精力;明确培养目标,突出专业重点;直面格局内核,创新培养模式;夯实课程基础,提升师资水平;强化职业素养,树立服务理念。张培茵等认为我国旅游业人才培养中存在忽视"旅游情结"培育、忽视"旅游思维"塑造、缺乏针对旅游教育特殊性的教育方式等关键问题,提出通过"平台＋模块"的人才培养规格的构筑和深层次全方位改革教学方法,从而达到具有强烈的"旅游情结",敏锐的"旅游思维",渗透了职业能力、应用能力的特色人才培养目标。夏学英通过分析我国旅游人才需求状况以及国外旅游人才培养模式,在借鉴国外旅游管理专业人才培养模式的基础上,提出适应我国旅游业发展需求的"四合—双线模式"。"四合"是指:人才素质——知识与能力的结合,培养内容——技能与理论的复合,培养方式——讲授与实训融合,培养主体——学校与企业联合;"双线"是指校内培养和校外培养两条线,校内主要培养理论知识和专业素质,校外主要培养专业技能和综合能力。他指出,通过"四合—双线模式"培养学生的专业综合素养、专业技能和实践能力,可使理论教学、实践教学、专业实习、就业一体化,实现教育与就业的零距离对接。

王颖在分析旅游专业人才社会需求的基础上,提出实行"思想引导＋专业辅导＋课题研究＋就业指导"的导师制,建设"行业实践＋研究平台＋创新团队"的师资队伍。谢春山等构建了注重职业意识和职业素养的培养、强调市场适应能力和实践能力的训练、注重学校教育和企业锻炼相结合的"能力—市场导向"型旅游人才培养模式。粟艾华分析了旅游教育发展对教师的挑战,提出了相应的策略,即制定适合培养旅游院校教师的相关政策,创设多种教师培养的途径,构建开放的旅游院校教师教育体系,培养大批旅游教育急需的骨干教师等。周义龙分析研究了"3＋1"或"3＋0.5＋0.5"工学交替的学制模式。李炳义根据转型院校教学改革的要求和旅游业发展的实际需要,提出以培养职业经理人为目标导向,构建旅游管理专业实践教学体系的若干对策。

刘昌雪等通过调查81家旅游企业,提出了构建职业院校旅游应用型人才培养模式的相关对策。李因等对领导、专家、用人单位、校友和毕业生开展了问卷调查及访谈,提出了旅游院校人才培养模式改革的若干思路。

(四)国内外旅游人才培养模式比较及借鉴

国外旅游人才培养方面的研究成果可分为两类,一是分别研究不同国家和地区的人才培养;二是比较研究旅游人才培养模式,尤其是中国与外国及中国大陆与港澳台地区的旅游人才培养模式。

在国外旅游人才的培养及教育方面,陈楠认为我国旅游教育应加强理论基础,跟随旅游业发展趋势高度重视市场需求对教育的影响,并有机结合理论教学与实践教学,重视职业素质的培养。吕迎春比较研究了美国、瑞士和澳大利亚的旅游教育形式和方法,提出:我国旅游教育要加大政府重视力度,构建校企合作机制;学历教育应与职业教育有机结合,推行"双证"制度;应明确定位培养目标,有针对性地培养人才等观点。赵鹏结合在美国的培训考察,详细研究了美国旅游教育的"校企结合"模式。

史灵歌比较研究了中外人才培养模式的目标定位、课程体系设置、实践环节安排、师资队伍建设等方面,在结合实践的基础上,对创新人才培养模式提出了建设性意见。刘宁宁从学制、教育目标、教育对象、教育内容和教育方式等方面,比较了我国与美国、瑞士,认为应当将旅游教育与行业实践紧密结合。伍蕾等分析研究了中国旅游教育中外合作办学模式,提出适度发展规模和速度、培训师资、完善人才培养方案和提高办学层次等四项建议。丁华等通过对比研究澳大利亚与我国旅游教育的发展历程、课程设置等方面,提出了我国旅游教育需要加强学科体系建设,处理好旅游专业宽泛化与细分化的关系的观点。

王文君从课程体系、教学内容、教学手段、考评方式等方面比较研究了国内外旅游专业的教育,并从教学计划的设计、教学内容的更新与优化等方面提出了一些建设性的建议。庄捷根据其了解的国外旅游教育的情况和我国旅游教育的发展现状,从课程、学生、教师三个方面比较,从中找出差距,并提出一些解决问题的策略。谭白英通过比较国内外旅游专业教育的培养目标、教学内容、课程体系,提出注重专业理论的系统性和严密性,解决课程间内容重复和遗漏的问题,处理好学术性与专业性的关系等建议。徐红罡通过比较分析了欧洲部分国家、美国、日本、澳大利亚等国的旅游教育的起源、发展与学科分类,以及课程设置等方面,认为西方旅游教育发展的特点是市场驱动特征明显、多学科向交叉学科转变、职业教育转向与专业和职业教育共同发展、开始向名校渗透、矛盾的二元结构普遍存在。王艳平围绕旅游教育的"国际化"与"属地化"分析了这一耦合主题关系。杨雁、张春梅等人也较为全面比较研究了中外旅游教育及人才培养,并提出了建设性的意见。

(五)旅游专业人才培养的教学模式和目标定位

1.旅游管理专业人才培养的教学模式

关于旅游人才培养过程的研究主要集中于教学方面,包括探讨教学模式、课程设置、教学方法、内容、手段等,并提出相应的改革措施。在教学模式方面,胡善风等运用现代市场营销观念,全面阐述依据"以销定产"思想建立由市场调研、教学组合、教育实施、质量评估四阶段组成的教学新模式。同时,胡善风指出旅游院校应根据市场需求、教学优势及区域特点,形成自己的办学特色,培养高质量的旅游人才,以增强在旅游教育市场上的竞争能力。此外,他指出针对新模式下旅游教育体系的开放性特点,旅游院校必须加强与外界环境的联系。张培茵等认为目前我国旅游教育研究大多偏重于课程体系的整合和人才培养规格方面的研究,而缺少针对旅游教育的、个性化意义的教育教学方式研究,从而致使科学的培养方案缺乏实现通道,因而提出特殊的旅游业需要特殊的教育教学模式。牟红则设计了一种"功能胜任型"教学体系,分级描述课程内容,即服务管理、功能管理、战略管理、行业管理四个层面,并在此基础上,将旅游专业教学划分为旅游行业服务、旅游职业管理、旅游职业经理人三大模块。

2.旅游专业人才培养的目标定位

鲁淑云从旅游教育的性质入手,强调旅游教育属于职业技术性质的教育,应以应用科学理论为主,贯彻理论与实践相结合的原则,为发展旅游经济培养应用型的旅游人才,因而要摆脱旧的影响,建立新的旅游教育管理体制和培养复合型、应用型人才模式,需继续坚持"两条腿"走路的方针,拓宽人才培养的空间。李志刚则认为,在当前全球化的背景下,应着力培养国际化旅游人才队伍,认为这关系旅游人才结构优化及核心竞争力的形成,同时在研究国际化旅游人才的分类和基本特点的基础上,他提出引进国际旅游界专家和高级管理人员来华工作、吸引高层次留学人员归国参加中国旅游业建设、在旅游教育领域开展中外合作办学、引进国际旅游业职业资格认证考试、开拓海外培训渠道等国际化旅游人才开发等途径。徐岸峰等认为,中职旅游专业应当面向21世纪中国旅游业的发展,培养重实践、高素质、富有创新精神的应用型旅游管理人才,并提出明确实践教学的目标、建设校内实训基地、拓展校外实习基地、加强师资队伍建设、注重实践教学评价等实践技能教学改革等思路。钟贤巍指出旅游学科具有综合性、实用性、多重性、经济性和复杂性的特点,因此,院校应结合这些特点培养人才,突出"专业性兼具综合性"的人才培养方案,牢牢把握"巩固知识性,提高实践性"的教学方针,强化外语和计算机学习,培养新型"国际人",面向未来培养可持续"创新型"人才。徐虹等认为,我国目前在旅游教育培养目标上存在的误解,即将应用型人才培养理解为操作型人才培养,混淆了教育与培训的区别,同时提出旅游教育应以"培养适应旅游业发展需要的、具有创新精神和服务意识的素质高、能力强、知识活的复合型管理人才"为培养目标,在基于态度的素质、基于成长的能力和基于应变的知识三个层次上体现培养规格的要求。

(六)旅游专业的课程体系

学者们从多种角度对旅游专业的课程体系开展了深入细致的分析。张多中提出,旅游专业应用性和实践性比较强的课程可以采用案例分析法、管理演习法、模拟训练法,以增强教学过程的生动性。姜芹春等从旅游专业的培养目标、知识能力的构建、课程体系的设置三个方面梳理和回顾了学界研究。姜春红提出了围绕人才培养目标和专业方向合理设置课程,优化课程结构,加强实践环节,以职业需求为导向培养旅游业发展需求的人才,提升教师专业技能、提高教学质量等优化旅游管理专业课程体系建设等思路。朱孔山认为旅游管理专业课程体系应分为专业主干课程、素质技能课程、相关知识课程三大系列,教学内容改革应体现旅游业和旅游管理专业内容的动态性、耦合性、地域性和实践性等要求。姜芹春等认为基于应用型人才培养目标的课程体系,是根据岗位知识、能力和基本素质的要求,有机衔接课程与职业或岗位,构筑学科知识与应用能力并重的,以能力培养为核心,以学科知识为支撑。张宏梅等提出构建能够反映宏观教育思想、课程价值取向、学科结构、专业性质、专业培养目标、师资专业结构以及旅游教育发展的国际国内环境的旅游专业课程体系。赵鹏等认为面向 21 世纪旅游专业教学改革,需要处理拓宽专业口径与强化专业教育、课程体系结构改革与课程内容改革、基础教学与专业教学、理论教学与实践教学、中国特色与国际化之间等关系。刘雅静在分析旅游专业课程体系的基础上,提出以专业培养方向划定课程体系模式,从职业导向和非职业导向两个层面设计专业课,以特色化课程为补充,以大通识塑造综合能力的课程体系重构方法。张玲等在分析目前旅游专业教育存在的问题的基础上,评价了广州各院校目前课程体系设置的现状,并提出了旅游专业课程体系设置和教学内容优化方面的具体建议。杨学燕认为任务教学法强调课程教学要考虑学生兴趣、生活经验和认知水平,倡导体验、实践、参与、合作与交流的学习方式和教学途径,指出这一方法有助于促进课堂教学和实践教学的相长,以激发学生学习的主动性并传递大量信息,实现向"以学生为中心的"教学模式的转变和实现教育过程的多赢。

田喜洲提出构建由素质教育课程群、专业基础教育课程群和专业发展教育课程群三大"模块"组成的课程体系,认为三大模块课程体系的建立,有利于培养学生的综合素质和职业素质。许春晓认为现行的旅游专业课程体系存在着层位下置、结构偏态、功利色彩和拼装特色明显等问题,提出应构建专业基础课程、专业理论课程、专业应用课程和专业活动课程四大模块。罗兹柏等提出应突破传统教育课程体系的构建模式,建立由主干系列课程、素质技能系列课程、相关知识系列课程组成的课程体系,并根据不同培养层次的差异、专业方向的差异,以及旅游行业和旅游学科的发展变化加以调整组合,以形成真正能切合旅游业发展对专业人才培养要求的专业课程体系。林刚从旅游专业的角度出发,提出了包括旅游专业基础课程系列、旅游专业课程系列和现代管理人才素质教育系列的课程设置形式。

在具体的教学方法研究方面,王宁以"语言输入说"和"交际能力理论"为理论依据,并根据旅游学科强调实践性的学科性质,通过确定双语教学的语言目标、学科知识目标、思维目标,提出了旅游学科专业主干课程"初始渗透、整合过渡、思维延伸"的"双语"教学模式。李丰生等提出匹配、集成与糅合学生的多项素质的"素质综合"的观点。

(七)旅游管理专业的实践教学体系

在旅游管理专业的实践教学体系方面,学者们提出了校内外结合、产学研结合、分阶段培养等观点。

邓峰认为产学研结合是教育部关于人才培养水平评估标准中的重要指标。为优化中职旅游专业产学研合作实践教学的人才培养模式,提升旅游专业的人才水平,他结合湖南地区旅游专业产学研合作实践教学的现状分析,以湖南地区为例,探讨了旅游管理专业产学研相结合实践教学模式的构建和优化问题。杨慧等认为协同创新理念是一种新型的教育理念,应以协作、共享、集成、融合为方式,开展学校、科研机构、企业等多方深度协作,指出目前旅游专业的实践教学方面存在协同性较差、协同频率低、缺乏科学完整的实践教学课程体系等问题,并在分析旅游专业实践教学现状的基础上,对旅游专业实践教学提出了校、企、政多方合作协同化、实践教学内容协同化、学生职业能力发展协同化的建议。唐玲萍等根据知识迁移的初始、接收、应用和融入四阶段理论,构建了旅游专业"认知—调研—技能—职业"阶段渐进式实践教学体系。夏学英在分析国内外旅游专业实践教学现状和社会需要的基础上,从实验层次、实验内容、实验要求、实验方式和实验时间五个方面构建了旅游专业的校内外实践教学体系。

此外,学者们还分析了不同地区、不同院校的旅游教育现状、问题等,并提出了发展对策。

管婧婧分析了杭州市旅游人力资源的实践经验,并总结了实践经验,同时,结合人力资源理论,总结了三种发展模式,即"请进来"与"走出去"培训模式、政府、企业、院校全方位合作模式、区域无障碍人才流动模式。周欣等探讨了地方旅游人才培养模式的若干问题,认为地方旅游人才培养模式的基本特征体现为:以培养本地区旅游专门人才为根本任务;以培养旅游行业的职业能力为主线,设计学生的知识、能力、素质结构和培养方案,构建课程和教学内容体系;实践教学在教学计划中占有较大比重;重视"双师型"教师队伍的建设并视其为提高教育教学质量的关键。赵益杉针对建设海南国际旅游岛问题,提出了加快旅游业人才开发与培养的对策。简王华等研究了广西旅游教育与旅游业发展适用人才培养,提出了构建学校—职能部门—旅游企业三位一体的教学与专业实践复合体的观点。王京传等分析了山东省旅游教育实行产学研合作人才培养存在的问题以及实施策略。郑占勇等调查了河南省焦作市旅游行业的人才现状,探讨了如何为"做大做强做精旅游业"提供人才服务。

　　邹统钎等总结分析及探讨了旅游人才培养模式的构建及实践。王美萍强调应在"产学研一体化"背景下强化旅游人才的人文素养和职业素养的培养,并围绕这一核心充分融合不同学科。

第三节　相关概念及理论基础

一、相关概念

(一)旅游教育

　　在我国旅游教育的起步阶段,大多数学校以培养复合型、研究型的学生为主,更多地重视学术性,忽视职业性。随着我国旅游教育办学点的不断扩大、招生规模的快速增长,许多院校结合旅游行业对人才的需求,更加突出旅游教育的实践性和应用性,注重学术性与职业性的有机结合,一方面重视学生理论体系的学习和基础知识、能力的培养,另一方面也重视旅游职业技能的培养,注重产学研相结合,强调教学内容的实践性。

(二)应用型人才

　　应用型人才包括理论应用型和技能应用型两类。理论应用型人才是指能很好地将成熟的理论知识应用于实际的生产或者管理活动的人才,其特征是既有比较深厚的科学基础理论功底,又能灵活地将理论应用于工作中;技能应用型人才是指具有过硬的专业技术、技能,并能将其熟练应用于生产或者管理活动中的人才,其特征是具有过硬的专业岗位操作技术和技能,能很好地适应专业岗位的直接操作需要。

(三)人才培养模式

1.人才培养模式的概念

　　人才培养模式是由人才培养的指导思想、目标、规格、内容、方式、质量评价等要素构成的,能够反映一所学校的办学思想、办学水平和办学特色。旅游专业人才培养模式是指为旅游专业学生构建的知识、能力和素质结构以及为实现这种结构所实施的教育组织原则和方式,包括专业的培养目标、人才培养规格、课程体系、培养过程和途径等。

2.人才培养模式的要素

人才培养模式包含教育理念、培养目标、教育内容、培养途径和效果评价五个要素。

(1)教育理念

教育理念是对教育的理性认识、理想追求及教育思想,能够反映对人才素质的理解和人才培养的价值取向。理念既是引发行为的原因,又是行为效果的决定因素。培养目标要以相应的教育理念作为指导,当教育理念变化时,培养目标也随之发生变化。教育理念是无形和抽象的,却是构成人才培养模式的关键要素,教育理念代表了教育的基本价值取向,决定着学校内部的制度安排,通过课程结构体系体现。

(2)培养目标

培养目标是在培养学生的素质和规格方面的目标,受社会对人才需求的多样性和人才的多种属性以及学生自身条件的制约,因此其既是社会需求分析的归结,又是制订专业教学计划的逻辑起点,体现了人才培养活动的主观前置意向、学生的发展方向和预期的发展结果。培养目标一般包括人才根本特征、培养方向、培养规格、业务培养要求等内容。它对人才培养设置质的规定,体现着所要培养的人才的根本特征,又是专业设置、课程设置和选择教学制度的前提和依据。

(3)教育内容

教育内容是为实现教育目标而被纳入教育活动过程的知识、技能、行为规范、价值观念等文化总体,一般以课程的形式体现。教育内容从人的发展结构看,包括德、智、体、美、劳等方面;从知识结构看,包括政治、经济、文化、科技、军事等方面。人才的教育内容与人才的培养过程密不可分。培养过程,指为实现培养目标,根据人才培养制度的规定,运用教材、实验、实践设施等中介手段,以一定的方式从事教学活动的过程。

（4）培养途径

培养途径是为实现教育目的、掌握教育内容而采用的程序、方式。校企联合是应用型人才培养的有效和主要途径。一方面,旅游企业是旅游人才的需求主体,旅游企业在培养旅游应用型人才方面具有多种优势,应用型人才应具备的知识与能力,不是仅靠学校教育获得的,其中有相当一部分只能在实际工作场所才能获得;学校教育在多数情况下是模拟性质的,一些重要意识和良好行为习惯的养成,某些难以言传的经验和应变方法,只有在工作现场才能学到。因此,只有书本知识,只在课堂、实验室和校内实训场所接受教育,是难以培养合格的应用型人才。另一方面,现代科技的发展速度极快,许多日新月异的新技术,未必能及时地反映到学校教育中,只有在实际工作地点才能获得最新的实用技术和较强的技术创新能力,而掌握最新的实用技术和具备较强的技术创新能力正是应用型人才的特色。因此,学校与社会相结合,师生与生产劳动相结合、理论与实践相结合,实行开放式培养是培养应用性人才的基本途径。在国外较成功的教育中,学校以外的其他办学主体也对人才的培养起着重要作用,如德国的"双元制"教育,企业是教育的最重要主体;瑞士的饭店教育,饭店行业协会起着特别重要的作用。

（5）效果评价

旅游人才培养效果评价可分为院校自身评价与社会评价两类。前者是传统的评价,主要看是否达到了教学计划中的培养目标要求,这种评价应坚持笔试与口试结合、试卷形式的考试与各种书面报告及实践操作相结合。后者是行业、企业等对毕业生素质与职业能力的评估方式,主要看旅游专业毕业生能否适应行业、企业的发展需要,能否满足社会经济发展需求。有效的评价应是两种评价的结合,而社会评价更有实际意义。评价不是最终的目的,最终目的是要根据评价结果总结经验教训,调整人才培养方案,探索出适应社会发展需要和学生自身发展的人才培养模式。

3.人才培养模式的影响因素

人才培养模式既是院校实施人才教育的过程的总和,也是适应经济与社会发展对各类人才客观需求的运行机制。人才培养模式的选择通常受到教育内、外部关系的影响和制约。因此,人才培养模式必须遵循教育外部关系的规律,以社会需要为参照基准,设置专业以及设定专业的培养目标、培养规格,使人才培养更好地适应经济与社会发展的需要;人才培养模式必须遵循教育内部关系规律,以专业的培养目标、培养规格为参照基准,设置专业的培养方案、培养途径,协调人才培养模式中的诸多要素,提高人才培养质量与人才培养目标的符合程度。

(1)教育外部关系影响因素

首先,国家宏观教育政策。国家的宏观教育政策对人才培养具有很强的引导作用。学校的人才培养与社会的发展变革是密切联系、相互影响的。在这种联系和影响中,国家的教育政策对人才培养起着主导作用。由于教育具有基础性、先导性、全局性的地位,政治、经济、文化、科技等方面的变革往往直接地反映到学校,尤其是人才培养。教育应与国家经济发展紧密结合,为现代化建设提供各类人才支持和知识贡献。因此,学校的发展机遇是建立在主动适应国家宏观教育政策发展对人才的需求上的;学校的发展战略要确定在顺应国家科教兴国的整体规划上。

其次,社会经济发展需要。教育系统具有培养人才的功能,其发展不能脱离社会经济发展的需要。随着全球新经济时代的到来,多媒体技术、互联网的应用和发展大大改变和丰富了课堂教学的内容与方式,从根本上改变了传统的以教师为中心、以课堂为中心的教学模式,代之以学生为中心、以实验为中心的新型教学模式,同时也给教育的发展提出了新的挑战。新经济信息化的到来,要求人才具备一定的创新能力,人才培养目标要注重能力和素质,培养主体和培养渠道多样化,培养内容全面化,培养手段逐步市场化,培养时间终身化,培养空间国际化。只有遵循了社会经济客观规律的发展,学校的人才培养才是有价值的,才是符合人才市场需求的。

最后,就业形式多样化。随着社会主义市场经济的进一步完善,人才的就业单位所属的性质日益呈现多样化的趋势,就业单位可以是国有企业、集体企业、外资或合资企业,或者是民营企业,就业者还可以自己开办企业。随着毕业生分配制度的改革,从"计划分配"到"供需见面、双向选择",毕业生就业的选择也日益呈现多元化的局面。同时,在就业的竞争中,用人单位的需求是多层面、多规格的,单一的培养模式很难满足社会的需要。为适应社会经济的需要,人才培养模式就要改革和创新。

(2)教育内部关系影响因素

首先,学校定位。合理定位是当前学校谋求健康发展的重要策略。定位是一个多层面的结构体系,学校的发展定位是指根据教育系统及其在特定条件下的功能要求,确定一所或一类学校在教育系统中的合适位置,包括战略定位、办学目标定位、功能定位、层次定位、区域定位、形象定位、规模定位、能级定位等多个维度。学校要根据社会需要,定位在某个层次,努力办出特色,将功能定位在应用型、技术型人才的培养或社会服务人才的培养上,注重实务性,选准合适的办学目标,从而有针对性地制订相应的人才培养模式。

其次,办学指导思想。办学指导思想以及学校是否拥有办学自主权影响着人才培养模式。办学指导思想是灵魂,是在长期办学过程中形成的,包括学校的办学思路、教育理念、学校定位、办学特色、发展目标、人才观等,体现在学校资源配置、师资队伍建设、人才培养模式等多方面。教育理念就是人才培养模式的指导思想,由此看来,办学指导思想对人才培养模式构成直接影响。自主办学是学校多样化人才培养模式实现的前提,学校获得办学自主权,就可以根据学校的内在需求和社会实际需要,设计出多样化的人才培养模式。

最后,培养方案。培养方案是培养单位培养学生的主要依据,主要包括培养目标、课程设置、培养方式、培养规格、培养途径等。学校要根据经济与社会发展对不同层次、不同规格、不同类型的专门人才的客观需求,结合本校的客观实际,对人才培养目标进行恰当定位,根据培养目标、培养规格制订培养方案,根据培养目标、培养规格与培养方案选择培养途径并予以实施。当人才培养结果与社会需求不相适应时,学校必须调整人才的培养目标、培养规格与培养方案、培养途径。

学校培养方案的有效执行,使学生通过参与专业教学活动和其他各种教育活动,获取、积累和整合知识,构建合理的知识结构和能力结构,在此基础上,最大限度地发挥自身智力潜能,如思维能力、自学能力、表达能力、实际操作能力、科研能力、组织管理能力和社交能力,再通过知识和能力的升华,内化为自身素质,培养创新能力。

二、理论基础

(一)教育本质理论

实用主义教育思想是由美国教育家杜威提出的,他的研究成果,尤其是教育本质理论,在世界近代教育史上起着至关重要的作用。

杜威认为"教育即生活"。他认为教育不是强迫学习者吸收知识,而是要让学生在生活中学习、在经验中学习,所以他的另一观点就是"学校即社会",学校应为学生提供真实的环境,而不是模拟的环境,应把学校的理论知识与校外的实践锻炼结合起来,学生应该"从做中学",因为"实践出真知"。

而校外实践教学基地是实践育人的平台,学生可以通过该平台提供的真实环境提高实践能力,而培养实践能力是应用型教学工程改革的重点,学校和行业应根据市场共同拟订人才培养计划,共同评估学习效果,使学生在真实的环境中得到锻炼,使学生同时具有双重身份,只有完全发挥校外实践教学基地的功能,才能使学生在毕业时具有高位就业能力,从而实现校企的无缝对接。

(二)能力本位理论

能力本位教育理论,是源于美国的一种职业教育模式,后在北美等发达国家广泛传播,得到教育界的广泛关注。20 世纪 90 年代初,CBE 传入我国,随着我国学者对能力本位教育理论研究的深入,其被应用于不同领域、不同专业人才的培养,成为教育界的研究新视角。能力本位教育理论强调,要以职业发展需要的能力为培养目标,注重学生的主体地位;强调个性化学习,重在培养学生的从业能力;强调教学活动的开展和课程的设置与实施均应以培养学生的职业能力为宗旨,是以"能力至上"为准则的职业教育理念。能力本位教育理论以社会职业需求为标准确定岗位的能力要求,以能力分析为基础确定培养目标,以及开展教学设计和课程设计,通过实施培养计划、教学大纲、课程内容、课程评价等课程与教学过程实现对个体能力的培养。旅游管理专业是行业背景明确、应用性很强的专业,能力本位理论在旅游管理专业中等教育中的应用性很强。有关能力本位教育理论的教学模式,如图 0-1 所示。

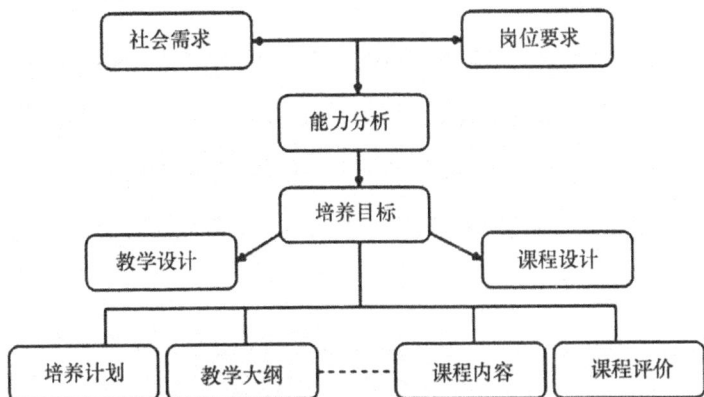

图 0-1　能力本位教育理论教学模式解析

(三)职业能力理论

职业能力理论是基于职业发展和能力本位教育理论(CBE)形成和发展的科学理论。职业能力理论强调以先进的科学理念和教学思想为主导,以就业者的职业价值最大化为宗旨,采用科学的职业能力培养模式,突出实践教学的重要地位,注重提高和发展个体的职业综合能力,实现人力资源的最优化配置,满足社会经济对高素质人才的需要。职业能力理论是能力本位教育理论在新时期的进一步完善,具有较强的实践价值和理论意义,有利于指导旅游管理专业等具有很强实践性特征的人才培养,有利于相关教学活动的开展。此外,该理论丰富了教育理论的内容,有利于人才职业能力的发展,有利于人力资源的优化配置。

以职业能力理论为指导制订的人才培养模式,是以科学理念为核心,以职业能力发展为主导的新型人才培养模式,突出强调实践教学对职业能力发展的重要作用,以培养从业者的一般能力、关键能力和综合能力为着力点。基于职业能力理论的人才培养模式,主要通过实践教学活动的开展,培养学生职业综合能力和综合素质。特别是在科学理念的指导下,该理论着重强调一般能力的训练和培养,注重基础能力、专项能力、业务能力及其他能力的综合提高和发展;针对职业需要的关键能力,突出强调培养就业者的组织协调能力、应对风险能力、发现和解决问题的能力等;在培养学生的综合能力环节,强调综合开发与训练学生的专业基础能力、专项能力、业务能力以及其他能力等,进一步加强学生综合职业能力的培养,提高学生的专业职业素养。

职业能力理论是符合时代发展需要的创新理论,具有较强的时代意义和实践价值。基于职业能力理论的人才培养模式,主要如图 0-2 所示。

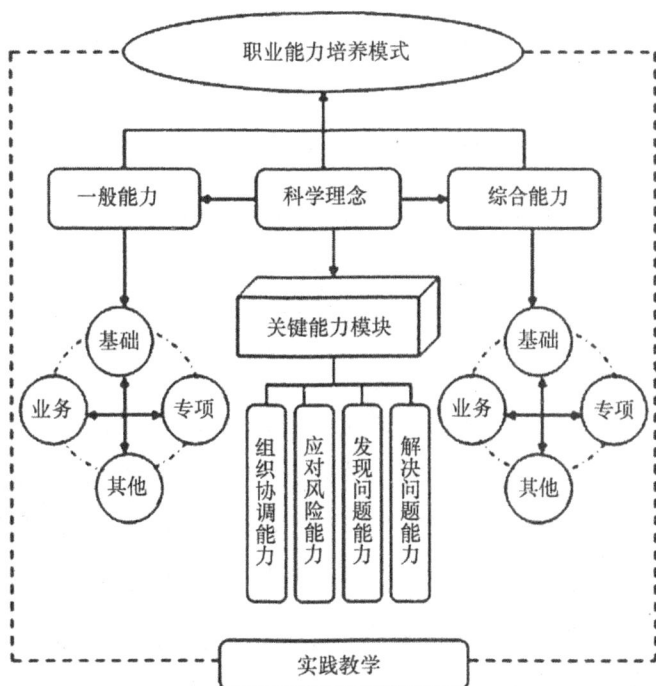

图 0-2　职业能力培养模式

　　旅游管理专业是一门应用性和实践性非常强的学科,不论是中职、高职、本科还是研究生,其对专业人才的需求均强调学生只有具有较高的职业综合能力,才能符合旅游业的岗位要求,才能有利于从业者的职业发展。旅游专业人才的培养离不开科学的教育理论和方法,职业能力理论与旅游专业具有重要的契合点,它们均具有较强的实践性,对能力和职业的发展要求具有鲜明的时代性,旅游管理专业实践教学体系的完善需要职业能力理论的指导,职业能力理论符合旅游专业的发展要求。

(四)建构主义学习理论

　　建构主义学习理论是行为主义发展到认知主义以后的进一步发展。20 世纪 70 年代末,美国教育心理学家布鲁纳将维果茨基的思想介绍到美国,这对建构主义思想的发展起到了推动作用。建构主义教学思想包括知识观、学生观和学习观。旅游教育的校企合作就是这一理论的具体应用。

建构主义理论的知识观强调,知识并不是对现实的准确表征,它只是一种解释、一种假设,它并不是问题的最终答案。个体对知识的理解应该由个体基于自己的经验背景而逐渐建构,它取决于特定情境下的学习历程。旅游专业的校企合作可以使学生在学校实训基地或旅游企业中积累经验,并使其在操作的过程中把学到的理论知识逐渐建构起来,让书本上的知识在自己的知识架构中逐渐变革、升华。

建构主义理论的学生观强调,学生是带着一定的学习和生活经验进入教室的,教师应该把学生现有的知识经验作为新知识的生长点。教师要让学生深入探讨、交流、质疑某一问题,从而使学生了解与自己不同的观点,进而促使其进一步学习。在旅游院校中,学生虽然可以在课堂上小组讨论与交流,但只有在旅游企业这个真实的大课堂上才能及时发现问题,并根据自己之前获得的经验主动请教旅游企业中的高技能人才和管理人才,及时解决问题,使学习的结果能够自然而然地迁移到以后可能遇到的情境中。

建构主义理论的学习观强调主动构建性、活动情境性和社会互动性。这一理论认为:知识不可能脱离活动情境而抽象地存在,学习应该与情境化的社会实践活动结合;学习是通过参与某种社会文化而内化相关的知识和技能、掌握有关的工具的过程,这一过程常常需要通过一个学习共同体的合作互动完成。在实训基地或旅游企业这一活动情境中,学生的学习过程就是社会交往过程,知识必须与实践相结合,学生必须亲身体验、操作,才能及时发现问题、解决问题。校企合作为学生提供了复杂而真实的场景和任务,并能使学生在旅游企业中及时了解旅游产业的发展现状和趋势。这种主动选择并加工信息的学习方式,就是建构主义理论提倡的学习观。

第一章

新时代智慧旅游
应用型人才培养现状

第一节　智慧旅游的构成

从智慧旅游的概念出发,结合旅游业务的发展特点,智慧旅游可以由智慧旅游服务、智慧旅游管理、智慧旅游营销和智慧旅游政务四个方面构成。

一、智慧旅游服务

智慧旅游服务是智慧旅游的核心业务,是驱动智慧旅游前进的关键动力。具体而言,智慧旅游服务体现在四个方面。

(一)导航

智慧旅游将位置服务(location based services,LBS)加入旅游信息中,让旅游者随时知道自己的位置。确定位置有许多种方法,如GPS 导航、基站定位、Wi-Fi 定位、RFID 定位、地标定位等,未来还有图像识别定位。其中,GPS 导航和 RFID 定位能获得精确的位置。RFID 定位需要布设很多识别器,也需要在移动终端上(如手机)安装RFID 芯片,因而应用受到局限,而 GPS 导航则要简单得多。一般智能手机上都有 GPS 导航模块,如果用外接的蓝牙、USB 接口的 GPS导航模块,就可以让笔记本电脑和平板电脑具备导航功能,个别电脑甚至内置有 GPS 导航模块。GPS 导航模块接入电脑,可以将互联网和 GPS 导航完美地结合,实行移动互联网导航。智慧旅游将导航和互联网整合在一个界面上,地图来源于互联网,而不是存储在终端上,无须经常更新地图。当 GPS 确定位置后,最新信息将通过互联网主动地弹出,如交通拥堵状况、交通管制、交通事故、限行、停车场及车位状况等,并可查找其他相关信息。

(二)导游

智慧旅游为游客提供了更加智能、便捷的导游服务。游客在确定了位置的同时,在网页上和地图上会主动显示周边的旅游信息,包括景点、酒店、餐馆、娱乐、车站、活动(地点)、朋友/旅游团友等的位置和大概信息,如景点的级别、主要描述等,酒店的星级、价格范围、剩余房间数等,活动(演唱会、体育运动、电影)的地点、时间、价格范围等,餐馆的口味、人均消费水平、优惠等信息。智慧旅游还支持在非导航状态下查找任意位置的周边信息,拖动地图即可在地图上看到这些信息。周边的范围大小可以随地图窗口的大小自动调节,也可以根据自己的兴趣点(如景点、某个朋友的位置)规划行走路线。例如,美国主题公园的一个创新是迪士尼公司的 Magic Band 手环。迪士尼总共花费了 10 亿美元研发这个嵌有 RFID 和远程无线元件的可佩戴设备。这个手环可以与信息卡、房卡和各种传感器相连接,每个佩戴者的行为轨迹都会被迪士尼捕捉。一个家庭在饭店可以提前订餐,在到达饭店时服务员早已准备好食物,还知道这个家庭的名字和落座的位置。这一切都给了游客一种魔幻式的体验。这个手环会给迪士尼带来更多的经济效益:用购买手环的便宜性促进更多的消费;利用大数据的分析改进产品的设计和商品的摆放,以更有效地促销;销售的大数据也可用来度量营销的效果,并改进下一次的营销。

(三)导览

导览相当于一个导游员。许多旅游景点规定不许导游员高声讲解,而数字导览设备,需要游客租用。智慧旅游则像一个自助导游员,比导游员拥有更多的信息来源,如文字、图片、视频和 3D 虚拟现实,戴上耳机就能让手机/平板电脑替代数字导览设备。游客点击(触摸)感兴趣的对象(景点、酒店、餐馆、娱乐、车站、活动等),可以获得兴趣点的位置、文字、图片、视频、使用者的评价等信息,深入了解兴趣点的详细情况。导览功能还将建设一个虚拟旅行模块,只要提交起点和终点的位置,便可获得最佳路线建议(也可以自己选择路线),推荐景点和酒店,提供沿途主要的景点、酒店、餐馆、娱乐、车站、活动等资料。

(四)导购

利用移动互联网,游客可以随时随地预订。加上安全的网上支付平台,可以随时随地改变和制订下一步的旅游行程,而不浪费时间和精力,也不会错过一些精彩的景点与活动,甚至能够在某地邂逅特别的人,如久未谋面的老朋友等。游客经过全面而深入的在线了解和分析,已经知道自己需要什么了,就可以直接在线预订(客房/票务)。只需在网页上自己感兴趣的对象旁点击"预订",即可进入预订模块,预订不同档次和数量的对象。

二、智慧旅游管理

智慧旅游管理主要是针对旅游活动的各项管理业务而言,是指综合利用智慧化的技术智慧化管理游客、景点、酒店、旅游线路、交通工具以及其他类型的旅游资源,全面提高管理水平,创造管理效益,具体内容包括三个方面。

(一)游客管理

智慧旅游依托信息技术,主动获取游客信息,形成游客数据积累和分析体系,全面了解游客的需求变化、意见建议以及旅游企业的相关信息,实现科学决策和科学管理。

(二)景区管理

旅游景区可以通过在景区环境保护、旅游承载力管控等方面综合应用智慧旅游手段,均衡游客的分布,降低游客对资源的破坏,确保游客的满意度,缓解景区保护和旅游发展之间的矛盾。

(三)流程管理

智慧旅游鼓励和支持旅游企业广泛运用信息技术,改善经营流程,提高管理水平,提升产品和服务竞争力,增强游客、旅游资源、旅游企业和旅游主管部门之间的互动,高效整合旅游资源,推动旅游产业整体发展。

三、智慧旅游营销

智慧旅游营销主要表现为产品创新、渠道选择、平台服务、营销方式等多个方面。

(一)产品创新

智慧旅游通过分析游客数据,可以发现旅游者的偏好,挖掘旅游热点,引导旅游企业打造符合旅游者需求的旅游产品,制订相应的营销策略,实现旅游产品创新和营销方式创新。

(二)渠道选择

智慧旅游通过量化分析和判断营销渠道,筛选效果明显、可以长期合作的营销渠道。

(三)平台服务

智慧旅游充分利用新媒体传播特性,吸引游客主动参与旅游的传播和营销,并通过积累游客数据和旅游产品消费数据,逐步形成多种媒体营销平台。

(四)营销方式

智慧旅游有利于改变旅游营销方式,激发旅游行业的鲶鱼效应。

鲶鱼效应是指鲶鱼在搅动小鱼生存环境的同时,也激活了小鱼的求生能力。其作用是指采取一种手段或措施,刺激一些企业活跃起来,投入市场中积极参与竞争,从而激活市场中的同行业企业。它的实质是一种负激励,将鲶鱼效应理论用于智慧旅游就是指互联网在未来旅游业的发展过程中可扮演"鲶鱼"的角色,使更多的力量参与旅游行业竞争中,激发旅游行业的创新能力和活力,提升旅游行业的智慧水平,达到旅游行业提质增效的目标。

四、智慧旅游政务

智慧旅游政务既包括电子政务、移动政务等深化应用,也包括基于智慧化技术的政府管理和服务模式的创新,具体表现在三个方面。

(一)管理方式

智慧旅游是实现传统旅游政务管理方式向现代政务管理方式转变的重要途径。通过信息技术,可以及时准确地掌握游客的旅游活动信息和旅游企业的经营信息,实现旅游行业监管从传统的被动处理、事后管理向过程管理和实时管理转变。旅游管理部门通过信息平台,利用实时掌握的游客、景区和服务等信息,实现对监管对象的动态化、实时性的管理。

(二)信息共享

旅游管理部门可以通过与工商、卫生、质检、公安等相关部门的信息共享与联动,有效处理旅游安全、旅游质量和旅游投诉等问题,以维护旅游市场的稳定。

(三)突发事件管理

通过与公安、交通、工商、卫生、质检等部门形成信息共享和协作联动,结合旅游信息数据形成旅游预测机制,提高应急管理能力和突发事件处理能力。

第二节　智慧旅游的发展历程

一、国外智慧旅游的发展

国外并没有"智慧旅游"这一专业术语。但是,国外很早就开始了研究旅游信息技术应用,在信息技术取得突破性进展的背景下,国外的旅游信息化建设正不断向纵深发展。近几年,智慧旅游和旅游资源物联网兴起,一方面是旅游信息化已经进行到一定的程度,旅游行业各个领域的信息采集与存储具备了相当的规模,通过新技术的应用,积累的信息资源有可能集中发挥优势;另一方面,泛在网络与通信技术、传感器技术、射频识别(RFID)技术、云计算技术的发展,使得未来信息化呈现出新的发展方向和发展模式,旅游信息的精确采集、旅游信息资源化应用成为可能。

美国是最早开展智慧旅游的国家之一。2006年,美国在宾夕法尼亚州一个叫Pocono山脉的度假区首次引入RFID腕带系统尝试了智慧旅游,其结果显示:佩戴RFID腕带的游客可不携带日常旅游时的必需品(如现金、钥匙等)就可顺利而方便地进出房门、购买旅游商品、参与各种游戏或活动等。此外,RFID腕带还可作为游客在景区的身份证明等。近年来,为更好地迎合自助游客的需求,北美地区"游客自助导航"已经得到广泛应用。在建设过程中,北美地区(部分城市)在智慧交通层面成果显著,在实施体系完整的智能票务服务之余,游客或是居民也实现实时公交线路运行状态查询。在智慧景区建设方面,北美地区以满足客户智能化、人性化和信息化需求为导向,完善细节服务、优化管理流程、降低管理运营成本。美国建立了全球首家VR(virtual reality)主题公园,该公园位于美国犹他州。The Void通过头显、适配电脑与可穿戴智能设备,再结合灯光、烟雾、气味等特效,在真实的空间给玩家打造一个虚拟的全触感空间。玩家花29美元,穿上全套的VR装备,包括一个头戴式的显示器、一件特殊定制的高科技背心和一杆金属质感的枪械,就能在Void娱乐中心享受超现实极致VR体验。创始人甚至在官网上表示,The Void的重点不仅仅是虚拟现实,而是一个超级现实(hyper-reality)。2016年2月,盛大集团出资3.5亿美元投资The Void并计划引入中国。

欧盟早在2001年就开始实施"创建用户友好的个性化移动旅游服务"项目。在智慧旅游的发展过程中,重视基础设施的建设和应用推广,并致力于打造一体化市场。在现有工程的建设中,欧洲部分城市采用二维码技术和城市信息做对接,服务于智慧旅游。在公共服务层面,欧洲在开发与应用远程信息技术过程中,首先建立了能贯通全欧洲的无线数据通信网,并利用智慧交通网络实现导航、电子收费和交通管理等功能,其中主要包括不停车收费系统(ETC)、车辆控制系统(AVCS)、旅行信息系统(ATIS)和商业车辆运行系统(ACVO)等。2009年,英德两家公司在欧盟资助下协作开发了一款智能导游软件,用以促进文化旅游的发展。该软件以"增强实践"技能为根底,让游客通过声光与影像,体会被忘记的史前时光。当游客身处某地,只需用手机摄像头对准眼前的奇迹或废墟,手机里的全球定位系统和图画辨认软件就能判别方位,然后从游客所处的视角,在手机上显现这处奇迹在全盛时期的样貌,还能展现遗址上残损部分的虚拟重构。除此之外,还有道路规划功用,经过交互道路规划工具,量身定制专属于游客自己的游览计划,协助游客远离群众线路,别出心裁,相当于一个全职导游。比利时布鲁塞尔推出"标识都市"项目,游客下载条码扫描器,可随时随地扫描"标识"贴纸,就能快速读取景点信息并开始线路导航,游览道路规划软件也得到了广泛使用。巴西里约热内卢建立了城市动态监控系统,有效管理城市内交通运行、天气预报、停电处理、灾害警报,能更智慧地掌握城市动态,对其旅游也有更智慧的管理效果。

2006年,新加坡推出"智慧国2015计划",确立"智慧化立国"发展理念,全面实施"从传统城市国家向'智慧国'转型"的发展战略。目前主要应用项目包括一站式注册服务、智能化数字服务系统、无处不在的移动旅游服务和交互式智能营销平台。"一站式注册服务"借助生物身份识别技术为商业人士免去烦琐的注册登记手续,在新加坡商业会议旅游中得到广泛应用;"智能化数字服务系统"着眼于增加游客在新加坡的旅行体验。游客可通过互联网、手机、公用电话亭、交互式电视和游客中心等渠道获得一站式旅游信息和服务支持,包括购买相关旅游商品或专门服务;"无处不在的移动旅游服务"是指游客可利用智能手机等移动终端,在任何时间、地点接收到旅游信息,并根据游客位置、需求、选择取向提供具有个性化的针对信息服务;"交互式智能营销平台"是指在"我行由我,新加坡"平台上,游客可根据个人喜好直接在互联网上定制自己的新加坡行程,且可通过邮箱及时了解新加坡新闻、即将举办的大型活动等信息,同时也可实时分享自己的旅游经历。

韩国首都(首尔)在智能手机平台的基础上,开发了类似于"i Tour Seoul"之类的移动终端信息的服务平台,是专门为来访的游客提供的移动旅游信息的掌上服务平台,以便于游客随时获取所需的相关旅游信息,如用餐、住宿、景点等,同时也包括语言服务、道路和交通工具的选择等。该系统同时实现5种外国语言的服务,为旅游者的旅游活动提供了极大的便利。日本东京推出泛在艺术导览服务系统,通过终端设备以及临时通行证引导游客,根据游客所处的位置实时提供语音和地图导览。

二、中国智慧旅游的发展

2010年是中国智慧旅游元年。2010年镇江市呈报国家旅游局,建设"中国智慧旅游服务中心",掀开了中国智慧旅游发展的大幕。镇江市在全国率先创造性提出智慧旅游概念,开展智慧旅游项目建设,开辟"感知镇江、智慧旅游"新时空。智慧旅游的核心技术之一

"感动芯"技术在镇江市研发成功,且在北京奥运会、上海世博会上得到应用。中国标准化委员会批准《无线传感自组网技术规范标准》由镇江市拟定,使得镇江市在此类技术的研发、生产、应用和标准制定处于全国领先地位,为智慧旅游项目建设提供了专业技术支撑。现在凡是到镇江的游客,都可以借助镇江智慧旅游门户网站、智慧旅游WAP网站、智慧旅游触摸屏、智慧旅游移动终端、智慧旅游友善平台、智慧旅游抽样调查系统,连接智慧旅游知识库,整合"吃、住、行、游、购、娱"旅游六要素动态,获取实时信息,自助完成浏览、查询、预订、结算和评价当地服务。

　　为了促进旅游业成为国民经济发展的支柱产业。2011年7月12日,当时的国家旅游局局长邵琪伟在全国旅游局局长研讨班期间提出,中国将争取用10年左右时间,使旅游企业经营活动全面信息化,基本把旅游业发展成为高信息含量、知识密集的现代服务业,在中国初步实现基于信息技术的智慧旅游。2011年9月27日,苏州"智慧旅游"新闻发布会正式召开,苏州市旅游局正式面向游客打造以智能导游为核心功能的智慧旅游服务,通过与国内智能导游领域领先的苏州海客科技公司开展充分合作,将"玩伴手机智能导游"引入智慧旅游中,大幅提升来苏游客的游玩品质,让更多游客感受到"贴身服务"的旅游新体验,为提升苏州整体旅游服务水平打下了良好的基础。2011年11月,洛阳旅游体验网、洛阳旅游资讯版、洛阳旅游政务版以及英、日、法、俄、韩、德6个语种的外文版旅游网站已经建成。2011年牡丹文化节期间,市旅游局还与洛阳移动公司联合推出电子门票,开通新浪洛阳市旅游局官方微博等,形成立体交叉的互联网、物联网旅游服务体系,在吸引游客方面作用明显,初步打造出"智慧旅游"的基础设施,今后将在现有的基础上进一步提升"智慧旅游"服务内容。除上述地区外,浙江、湖南、山东、天津、大连、黄山等地也在探索发展智慧旅游,还有一些企业(如携程、淘宝、温州国旅、金棕榈、物泰科技等)也积极参与智慧旅游的技术开发、项目建设。

国家旅游局将 2014 年定为中国的"智慧旅游主题年",引领中国旅游业全面进入智慧化时代,各地相继提出了自己的智慧旅游口号,如江苏省提出"科学规划,智慧先行",四川成都市提出"智慧提升,触摸蓉城"的科普口号。2015 年 12 月,"冰雪之都"黑龙江省正式通过《黑龙江省"旅游＋互联网"发展规划》,未来将通过旅游大数据中心、旅游公共服务平台、营销平台等基础设施建设进一步发挥互联网在旅游营销上的低成本优势,初步规划 3 个试点城市、15 个试点景区、1 个试点基地,并与腾讯、阿里、百度、携程等互联网公司就旅游服务、管理、营销等各方面达成合作,2020 年,在线旅游投资占全省旅游直接投资的 15％,在线旅游收入占全省旅游收入的 20％。此外,重庆、河北、河南等省份也推出相关计划。

第三节　基于校企合作的旅游人才培养

我国旅游业近几年保持平稳较快发展,根据中国文化和旅游部官网数据,2023 年上半年国内旅游总人次 23.84 亿,同比增长 63.9％;国内旅游收入 2.30 万亿元,同比增长 95.9％。戴斌认为,无论是居民出游意愿、企业家信心,还是旅游经济运行综合景气指数,均已达到过去三年以来的最好水平。《国家中长期教育改革和发展规划纲要(2010—2020 年)》就教育的发展提出要"优化学科专业、类型、层次结构,重点扩大应用型、复合型、技能型人才培养规模"。随着区域旅游业的发展和旅游产业结构的调整,需要大量的应用型、创新型旅游人才,对应用型院校培养旅游人才的数量与质量需求有了更高的要求。

人才培养模式是指为了实现特定的人才培养目标,在一定的教育理念指导和一定的培养制度保障下设计的有关人才培养过程的理论模型与操作模式。人才培养模式由人才培养目标、课程设置方式、教学组织制度管理体系、教学评价方式等多个要素构成。人才培养模式合理与否直接关系到人才培养的水平和质量。凯里学院于 2006 年设立旅游管理专科,2011 年升格为旅游本科,作为地方应用型本科院校如何深化旅游人才培养模式改革,突出办学优势、行业特点,保持鲜明的地方特色,建立高素质应用型人才培养新模式是一个重要的课题。

一、应用型中职学校旅游人才培养模式问题分析

(一)人才培养与行业需求错位

目前很多应用型中职学校缺少对区域旅游业的深度调研,难以把握旅游产业发展的新动向。旅游类专业不是依据市场对旅游人才的需求,而是局限于传统的旅行社、酒店、景区等专业方向培养人才,新兴的旅游地产、会展旅游和旅游电子商务等人才各院校培养数量偏少。如雷山县中等职业学校专业现分为导游服务、高星级饭店运营与管理两个专业方向,和旅游新业态的发展对接不够,学生对专业的认同度不够,缺乏职业发展规划,行业内就业意愿有待提高。

(二)人才培养雷同化,缺乏特色

旅游行业需要的人才是多样化、多元化的,但很多应用型中职学校都模仿影响力大的旅游类专业人才培养方案,无视自身实际,按照相近的课程设置、相似的专业类别等培养学生,无法彰显自身办学个性特色和区域优势资源,学生对专业认同感低,培养出的学生个性化、差异性、多样性不足,竞争能力不够。部分学校由于起步晚,经验不足,特色优势显现不够,在紧密结合地方旅游产业发展需求、传承旅游文化、产学研结合服务地方等方面还需进一步加强,培养更多地方用得上、留得住的应用型旅游人才。

(三)课程体系建设有待完善

应用型中职学校旅游类专业,在课程目标、课程设置、教学内容、教学方法手段、教材建设等方面缺乏与区域旅游行业、旅游企业的需

求匹配。部分学校偏重理论知识的传授,实践应用课程所占比例可进一步提高。校级、省级精品课程少,网络课程资源建设缓慢,课程更新不足,部分课程内容重复陈旧,特色教材编写缺乏,对地区的旅游文化、旅游资源等挖掘不足。

(四)教育教学的实践创新能力不足

目前应用型中职学校旅游类专业人才培养,与地方政府旅游部门、旅游行业、旅游企业的协作力度不足,地方特色旅游教育资源整合度低,学生缺乏更多的专业实践机会,自主选择性少。虽然多数学校从设立初始就积极与旅游局和旅游企业合作,推动校地、校企资源整合,但合作的范围和内容不够深入丰富,形式单一,学生的实践锻炼机会较少。在专业实验教学设备方面投入不足,专业实验教学设施匮乏,目前仅有 3D 导游仿真实训室、旅游实训室,很难满足实践教学的要求。在师资队伍方面,已经建成一支教学水平高、结构合理的师资队伍,但"双能型"教师培养不足,专任教师到企业进修培训锻炼的机会偏少,教师的实践教学水平有待提高。

二、基于实践与创新能力的应用型中职学校旅游人才培养模式构建

(一)明确人才培养目标

应用型中职学校旅游人才培养应着重体现在应用性、地方性,突出自身鲜明的地方特色、资源优势,培养为区域经济社会发展服务,基础扎实,知识面宽,具有较强的实践应用能力的高级专门人才。根据这一人才培养理念,旅游专业人才培养目标应定位为适应区域旅游产业结构优化升级、服务地方旅游产业发展需要,培养具有良好的人文素质、深厚的专业基础、较强的职业能力、较强的实践能力和创新能力的高素质应用型专业人才。

(二)改革人才培养方案

应用型中职学校要切实提高旅游人才的培养水平和特色,转变

人才培养观念,加大学科专业的资源整合力度,引入旅游行业、用人单位、毕业校友的等多方参与修订人才培养方案,强调地方性和应用性的特色。按照应用型中职学校旅游人才培养目标,确定课程体系、教学改革、质量保障等内容,注重培养学生独立思考的创新能力,解决问题的实践能力,使学生适应地方旅游市场发展的需要。学校旅游专业应邀请县市旅游局、旅行社、酒店、校外同行专家参与人才培养方案论证,听取和征求毕业生、在校学生对专业课程设置的意见,了解区域旅游业人才的未来需求、岗位能力的素质要求,以此不断完善人才培养方案。

(三)优化课程体系

课程体系的设计是旅游人才培养中的关键环节,课程不仅是学生得到知识与技能的直接感受体,也是培养理念、培养目标得以实现的直接载体,应用型中职学校旅游类专业需要进一步优化理论课程和实践课程设置。

1.理论课程设置体现层次性

旅游类专业理论课程设置要根据旅游行业发展的最新要求构建知识体系,采用"通识教育课程+大类课程+专业核心课程+专业方向课+专业选修课程"的理论课程体系。在一、二年级主要开设通识教育、大类课程,如管理学、经济学、电子商务、旅游心理学等课程以提高学生的基础知识和人文素养,初步培养学生的专业素养;三年级开设专业核心、专业选修课程,如饭店管理、前厅与客房管理、导游业务、旅行社经营管理、旅游规划与开发等课程,让学生掌握行业相关理论知识,丰富更新专业知识。同时依据景区与旅行社管理、酒店管理等专业方向,设计不同专业方向的课程系列组合,如模拟导游、西式餐饮、饭店服务技术与技能等课程,让学生确立自己的未来职业方向。

2.实践课程设置强化实践能力

实践课程的设置重在培养学生岗位适应能力和职业技能,采用

"认识实践＋专业课程实习＋专业综合实习＋岗位实习＋社会实践"的阶梯式安排,在低年级开展认知实践培养学生的专业兴趣,掌握专业学习方法,如旅游文化考察实习;在二年级开展专业课程实习,训练学生职业技能和实践动手能力,如导游工作的认识实习、酒店餐饮客房前厅、实用礼仪的综合专业实习;在三年级开展顶岗实习和毕业实习,进一步拓宽专业视野,提升职业能力与素质。通过构筑阶梯式、立体化、开放式的专业实践课程体系,为学生专业实践能力的有效培养提供保障。

(四)推进专业教学改革

1.创新教学方法与手段

旅游类专业的课堂教学中,一方面要改变过去以教师、教材为中心的做法,倡导探究式、启发式、讨论式、专题讲座等多种教学方式,激发探索精神、启迪创新意识。对一些实践性较强的课程,如客房管理、餐饮管理、导游业务等专业课程,可采用项目教学、现场教学法、情景教学法、案例分析、课堂讨论等教学方法,学生以学习主体的身份参与教学。另一方面要加大旅游专业实验室投入,建设客房实训室、酒水实验室、餐饮实验室、导游模拟实训室等,为专业技能训练提供实训场所。采用先进的网络教学、多媒体教学、模拟沙盘等形式,开展虚拟工作环境、虚拟工作流程等方面的训练和教学,提高学生实际操作能力。建立3D导游仿真实训室,利用计算机虚拟现实技术,整体仿真导游教学要求的场景范围,形成一个完整的数字旅游互动教学系统,极大地提高了教学水平和教学效果,激发了学生的学习兴趣。

2.更新教学内容

随着旅游业的快速发展,教师不能局限于几本教材老生常谈,要更新知识结构,紧跟学科和行业的最新发展,不断丰富课程资源。在深刻理解与把握教学内容上,专业课教学注重以项目、专题、问题为出发点重组教学内容,强调岗课赛证融通,加强不同课程之间的整合,注重知识的科学性、先进性和适用性。充分发挥应用型院校在专业方向上的优势和特色,开辟地方特色课程,配套编写挖掘本地旅游资源和旅游文化的教材,实现旅游基础教育和区域旅游业需求的统一。

3.保障教学质量

在应用型中职学校中,青年教师比重一般较大,通过实施青年教师培训、青年教师导师制、青年教师教学比赛、多媒体教学软件比赛、教学观摩与经验交流等系列活动,构筑青年教师教学能力发展体系,提高教学质量。制订各主要教学环节,诸如课堂教学、实验实训教学、毕业论文等质量标准,完善教学督导、三期检查、听课制度、学生信息员、学生评教等质量保障举措。

三、探索校企合作机制

(一)校企构建旅游人才实践基地

应用型中职学校旅游类专业要融入行业发展,结合学校自身实际,与地方旅游行业、旅游企业开展紧密合作,形成专业合作共建、就业顺畅衔接的校企合作培养人才新机制。一方面,建立一批长期稳定的校外实践教学基地,如地方酒店、旅行社、旅游景区等实习基地;另一方面,可与地方旅游企业合作在校内建立专业实践基地,依托学校资源和校园市场,开展旅游实践活动。通过切实发挥校内外旅游人才实践基地作用,使学生学以致用。

(二)校企合作打造双能型师资队伍

应用型中职学校旅游类专业为实现培养目标,可以借助地方旅游企业资源,打造一支高素质双能型教师队伍。在旅游产品研究开发、市场推广宣传、咨询服务等方面开展校企产学研合作,同时选派优秀教师到旅游企业挂职锻炼,发挥自身理论长处,直接深入旅游企业的实际工作,把区域旅游业的新动向、新做法、新技术及时渗透到教学中。另外,聘请地方旅游业知名人士、实践经验丰富的旅游企业管理人员和一线人员,以专题、讲座、报告、实习实训指导等多种形式参与教学,实现优势互补。

四、基于实践与创新能力的应用型中职学校旅游人才培养应注意的问题

(一)强化专业思想教育,明晰学生职业生涯发展

针对应用型中职学校旅游类专业部分学生专业思想不稳定、专业认知模糊、专业从业率低等现象,在人才培养方案中要对学生开展持续的专业思想教育,设置专业导航教育、职业规划教育、学生导师制、毕业生论坛等活动。

(二)注重第二课堂,提高学生实践创新能力

在应用型中职学校旅游人才培养模式建构中,可设置素质拓展创新学分,注重第二课堂,提高学生实践创新能力。以旅游管理专业的学科竞赛、课外科技活动、实训活动等为载体,开展旅游职业技能大赛、导游大赛、学生研究性学习项目、学生创新创业训练项目等活动,鼓励学生积极参加社会实践,参与教师的科研项目,参加旅游职业资格考试。

应用型院校应坚持走内涵式发展道路,主动服务区域经济社会发展,突出办学特色,在人才培养、科技创新、社会服务、文化传承创新等方面取得了显著成绩,培养了具有较强实践能力和创新能力的高素质应用型专业人才。根据这一理念,旅游专业应围绕应用型人才培养目标,明确专业特色,以应用能力为主线设计学生的知识、能力、素质结构,深化旅游教育教学改革,加大实践教学改革力度,创新教学管理机制,加强双能型师资队伍建设,积极拓展校内外实践实习基地,深入推进校企合作,强化学生实践能力和创新能力培养,为区域旅游发展提供人才支持,培养应用型、创新型旅游人才。

第四节　基于实践与创新能力的旅游人才培养

随着中国旅游业的快速发展,加强旅游人才的培养,构建适应旅游业发展的新型人才培养模式迫在眉睫。而旅游院校与旅游企业的共同合作,能从根本上实现学校和企业资源共享,达到校企合作的互利双赢的目的,这也是社会各界共同关注的课题。

纵观国内外校企合作现状,国外旅游教育的"校企合作"是一种深层次双向合作,集教学和科研于一体,校企资源共享。从师资队伍的情况看,发达国家从事旅游教育的有实践经验的教师占教师总数的50%以上,有的达到100%。学院课程设置包括三期专业课和三期带薪实习,如酒店管理专业的教学楼就是一家酒店,学生每天都置身在一个酒店氛围中,潜移默化中养成了一种职业习惯。国外旅游教育在"校企合作"上形成了一个全方位、多形式、交叉式的培训网络结构。我国旅游教育"校企合作"目前还只是一种浅层次的单向合作。从旅游院校师资情况看,一半以上的教师是从高校毕业后直接到校任教,或"半路出家"、从其他专业"转行"的,有实践经验的教师占专业教师总数不到15%。校企合作的主动方往往是学校,合作的内容也只局限于实习岗位的安排等浅层次上。学生得到的只是一种技能锻炼而非解决实际问题的管理能力、处理突发事件应变能力的实践机会。因此,我国旅游教育的校企合作只是一种后期的操作实务的合作、一种简单的劳务合作。在实习基地的建设上,学校缺乏稳定的实习基地,企业出于自身利益的考虑也不愿意投入过多的人力、物力参与学校计划的制订与安排,有的企业甚至只是因为接受了廉价的实习生而被动地与学校签订了合作协议。因此,研究校企合作的旅游人才培养具有重要的现实意义。

一、基于校企合作旅游人才培养的专业设置和理论课程体系不断完善

旅游院校与企业合作成功与否,一个关键的因素就是专业和课程体系的设置。为了推动校企合作向深层次发展,根据我国目前的国情和条件,成立校企合作机构,共同合作调查研究,制订符合企业需求的培养目标、课程设置和教学计划等。

(一)建立校企合作市场调研小组

校企合作调研小组由学校负责学生就业的工作人员和旅游企业人力资源部的成员构成,负责收集旅游企业对教学内容、对企业用人标准等方面的反馈信息,分析旅游企业对旅游专业学生的能力、知识、素质的需求,预测调研旅游企业的人才需求,从而掌握本地区经济发展对旅游企业人才的新要求。通过分析旅游市场研究和预测人才需求的数量及结构,为旅游专业建设改革方向及专业课程调整提供参考数据,使毕业生更加符合社会的需求。

(二)成立旅游专业指导委员会

委员会的成员由学校、旅游管理部门、酒店、旅行社、景区等单位负责人、学者和专家共同组成。旅游专业指导委员会成员定期来学校研讨学校旅游专业建设与发展,为专业改革、课程改革、校内外实训基地的建设提供决策咨询。旅游专业教学在旅游专业指导委员会专家成员的直接参与下制订指导性教学计划,修订和完善实施性教学计划,使旅游企业对应用型人才的培养要求在专业设置、课程设置和课程内容上得以充分保证。

(三)适时调整旅游专业及课程体系

1.根据市场需求设置专业及制订课程体系

在专业设置方面,有效地结合市场的周期性需求和人才培养的长远性,以解决毕业生的出路、满足社会需求的变化为基准,不断完善现有专业的内涵建设,突出专业特色,开发与拓展专业方向,积极

申办旅游产业迫切需要的新专业。针对旅游企业、行业的特点，以企业需求为基础，以学生在校时间为限制，合理地调整与组合课程体系，构建一套企业所需、学生能学的教学计划。在旅游院校专业课程的设置中，既要重视学生的个人兴趣和爱好，又要重视学生未来的就业机会和职业方向。重组课程结构，提高学生选课自主性，通过压缩必修课程增加选修课程的方法，重组课程结构。根据现代旅游服务的需要，适时调整课程计划，完善课程体系，更新课程内容，淡化学科界限，实现课程设置的科学性；适当增加符合地方旅游经济发展和反映区域旅游资源特征的教学内容；主动适应我国旅游产业发展和人们旅游行为变化的新趋势，实现旅游专业人才的实用型、复合型人才的培养目标。

2. 根据调查研究制订切实可行的实施计划，着手编写配套教材和考核标准

组织专业教师调查研究，走访企业、行业工程技术人员征求意见，研究企业、行业所需要的技能；结合职业岗位分析、确定教学内容、方法和教材。建立定期研讨、与行业需求同步调整的保障机制，保证校企共同参与研究制订课程体系，每年定期举行会议，研讨人才培养标准、人才培养质量和人才培养方案并制订整改方案。为确保教学各个环节的工作得以顺利进行，成立在学校领导下的教学管理及考核机构，负责制订相应的管理办法和考核标准。

二、基于校企合作旅游人才培养的实训实习基地建设

从"双赢"的基本原则出发，主动同当地政府加强联系，争取当地政府的支持，并以此为基点建立校企合作的实训实习基地的保障机制，使校企合作更加规范合理。利用科技优势，主动、热情地为企业服务，成为企业的伙伴，使学校的培养方式和实训空间的拓展与企业生产的实际需要相结合。

（一）校企合作的校内实训教学环节

在校企合作校内实训环节中，主要培训学生的基本技能、专业技

能、综合能力三个方面,由简单到复杂,由单项操作训练到综合系统设计,使校内实训更贴近旅游企业实际,做到"零距离"上岗。如在校内日常授课过程中,涉及实际操作知识时,请旅游企业从业人员为学生讲解和示范,同时定期邀请旅游企业高层管理者、校外专家来校讲学,使学生在短时间内掌握相关技能。在校企合作的实训过程中,专业教师和企业管理者共同培养学生解决实际问题的技能,强化其对职业规范的认识;建立校企共管的管理、监督制度,在保证学生圆满完成实训内容的同时,也将职业操守内化到学生的思想之中,提高学生职业综合能力和就业竞争力。在旅游旺季,旅游从业人员资源紧缺时,旅游企业可以借助校企合作优势,及时从学校调用大量的人力资源,缓解企业短期人力资源的短缺,从而提高学生的实际操作能力和知识的应用技巧,同时也实现先进设备、先进工艺、生产环境和创新机制等物力硬资源的共享,满足了实训教学环境、设施和手段真实性的要求。

(二)校企合作的校外实习基地建设

学校应根据国内旅游资源的分布状况及区位优势,结合学校的专业特色,总体规划学校实习基地建设,大体划分为两大类,即短距离实习基地和长距离实习基地建设。短距离实习基地建设要面向地方及周边城市,主要是利用"黄金周"和寒暑假的时间与旅游企业签订短期合作协议,让学生到旅游企业从事旅游实践,使学生对旅游企业的运作有更为深入的理解,增强学生对旅游行业特点及文化的感知;长距离实习基地建设是面向全国经济发达城市的大型旅游企业,主要是针对学生第八学期的实习和就业寻求实习基地,通过一个学期的实习让学生感受到旅游行业发展的前沿知识,使旅游学生对旅游专业有深层次的感悟,从而帮助学生确立自己的就业倾向,在这期间也可以实现企业和学生的双向选择,从而减少企业和学生择业的盲目性,实现学校、企业、学生三赢。

高度重视校企合作校外实习基地的制度建设,建立与完善校企合作校外实习教学质量监控体系与评价标准。吸收 ISO 9000 质量管理体系原则和方法,建立人才培养质量监控体系;学生在旅游企业实习期间,按照《企业教学学生管理办法》,扎实开展教学工作,完善相关基础性合同文件的建设,如《合作教学协议》《顶岗实习协议》《企业技术骨干教师聘任考核办法》《校企合作科研开发管理办法》《合作教学各环节基本要求》《企业教学学生管理办法》等。

三、基于校企合作旅游人才培养的"双师型"教师队伍建设

校企合作是"双师型"教师队伍建设的纽带,是实现学生双重角色的桥梁。中职旅游教育的教师不仅要有扎实的专业理论知识,还要具备与实际生产相关的工艺能力与技术服务能力,一定的专业实践经验和技术创新能力等。

(一)"双师型"教师队伍建设的主体思路

为提高"双师型"教师的比例,优化结构,教师的来源要多元化。在积极引进有一定学历层次、具有丰富实践经验的专业技术人员来校任教的同时,还可聘请部分校外专家,旅游企业的管理人员,有丰富实践经验或操作技能、具备教师基本条件的专业技术人员和管理人员担任学校的兼职教师或实习指导教师,这不仅优化了教师队伍整体结构,提高"双师型"教师的比例,而且能够改善实习指导的工作成效。但是,在优化教师队伍结构时,还要注意与学校的总体发展思路相结合,按照学校专业设置、课程结构和师资结构的总体发展规划要求进行调整,使其保持与学校发展的动态平衡。加强中职院校旅游专业教师对企业技术改造和项目创新的支持力度,鼓励和推动中职称高学历的教师与企业合作,通过大量横向课题的研究,提高中职旅游教师解决实际问题的能力,不断丰富教师的工作阅历和实践教学内涵,同时也解决了旅游企业高级人才的短缺问题。

(二)提升"双师型"教师能力的途径

"双师型"教师是应用型人才培养目标得以实现的关键和保证,特别是旅游教育行业,它不但要求教师要有丰富的理论知识、灵活多

变的教学组织能力,还必须具有丰富的旅游从业经验。为促进"双师型"教师能力的提升,可通过定期选派专业教师到宾馆、旅行社、景点景区参加一线工作,深入企业调查研究,采用岗位培训、下厂锻炼、挂职顶岗、跟班研讨、导师带徒等方式了解生产设备、工艺技术等。在与企业合作的开发、服务中积累实训教学需要的技能和实践经验。通过学校与旅游企业合作研究的方式,使学校的科研方向适应市场走向,科技成果直接转化为现实生产力,促进理论与实践结合,使教师由单一教学型向教学、科研、生产实践一体化的"一专多能"型人才转变。同时,也让教师从企业的一线实践中学习到企业的理念、先进文化、前沿技术和管理方法,将其带回学校、写进教材、引进课堂、融入教学、促进"双师型"师资队伍的形成。同时,以此为契机,增进专业教师与企业的沟通与联系,及时协调、解决校企合作中存在的问题。

(三)完善"双师型"教师队伍的管理制度

完善"双师型"教师的评职、聘任和考核制度。职称评定标准应向"双师型"教师倾斜,从政策层面保证"双师型"教师的切身利益。完善教师职务聘任、考核制度,在用人制度上,引入竞争机制,择优上岗。打破教师职业的"身份制"和职务聘任的"终身制",变教师"身份管理"为"岗位管理"。以市场需求为导向,制订动态的教师考核制度,规范管理程序,运用多种形式的激励手段和方法,调动教师提升自身能力的积极性。

从校企合作的研究视角出发,提出了从成立校企合作市场调研小组、旅游专业指导委员会和以市场调研为基础的旅游专业及课程体系的调整方法;阐释了校内实训教学和校外实训基地建设的具体措施;从主体思路、能力提升途径和管理制度三个方面提出了"双师型"教师队伍建设的系统思路。

第二章

新时代智慧旅游应用型人才培养存在的问题

第一节 智慧旅游总体发展的问题

在取得一定成绩的同时,智慧旅游的发展仍存在一些问题和制约因素,如基础设施跟不上发展、系统整合集成不够、协同创新和孵化机制缺乏、旅游信息化专业技术人才不足等。

一、旅游信息化应用水平有待进一步提高

政府管理部门和个别旅游企业具有较高的信息化水平,但社会总体信息化应用水平不高,旅游信息化认识水平有待进一步提升。

(一)信息化基础设施亟待改善

目前,许多城市尚未建立统一的旅游信息数据采集规范与标准,无法实现旅游信息资源的自动入库、动态更新和智能应用;旅游公共服务平台建设滞后,无法实现旅游信息资源的统一管理和交换共享,严重阻碍先行企业的旅游应用系统的开发进程;多数涉旅企业尚未开通光纤网络,无线网络覆盖亟待完善,监控系统仍停留在模拟信号和局部监控阶段;部分涉旅企业尚未建设独立的网站和客户端系统。

(二)旅游信息化应用尚待深化

虽然旅游主管部门和大部分旅游企业对业务管理、公共服务和

市场营销的信息化需求强烈,但大部分单位仍未成立专门的信息化职能部门。旅游信息化应用发展不平衡,行业、地区间差距进一步拉大。旅游资源多、景区知名度高、发展基础好的单位和经济发展较快的地区有意尝试旅游信息化应用,但整体看来,大多数涉旅企业和部门缺乏信息化建设规划,信息化应用系统各自为政,"信息孤岛"现象严重,跨部门数据共享和交换困难,涉旅企业不能提供及时、科学、完整的基础数据,难以实现海量数据分析和数据挖掘,不能为行业管理和科学决策提供全面数据支撑。

二、公共基础平台和政务管理系统有待完善

目前,许多城市的景区、酒店、旅行社等旅游企业的行业管理基本还处于传统的行业指导和被动的监督管理状态。

(一)智慧旅游支撑保障体系尚未健全

目前,许多城市尚未建立完善的信息标准规范体系、组织协调管理体系、风险防范和应急管理体系、运营维护管理体系和智慧应用考核体系。虽然部分景区在游客安全保障方面做了一些基础工作,但基本都是零散的、各自为政的建设,且信息化程度较低,没有形成系统化、数字化、智慧化的游客安全保障体系。

(二)智慧旅游专题数据库亟待建立

目前,旅游数据上报、采集仍采用纸质或电话口述的上报方式,尚未形成统一、完善的数据统计口径(旅游政务管理已经严重延缓和滞后行业发展需求,阻碍旅游产业智能化改造进程)。旅游基础数据与公安、交通、工商、卫生、质检等部门还没实现信息互联互通、交换共享和智能处理,既影响跨部门旅游产业的运行监测、预测预警和安全应急联动机制的建立,也影响旅游事故处理能力和应急管理水平的提高。

(三)行业管理智能化水平尚待提升

投诉受理、安全预警和应急处理等行业管理需要从传统的被动、

事后管理向过程和实时控制过渡。旅游信息化水平不高,导致旅游执法取证难、行政处罚执行难、应急管理能力弱等问题,进而影响了旅游目的地的品牌形象塑造。这些问题使规范市场秩序、维护游客权益、提高旅游满意度成为行业难题。

三、信息服务能力和旅游营销成效有待改善

目前,旅游信息服务缺乏系统性,亟须拓展信息智能推送渠道,培育信息消费增长点。

(一)公共信息服务营销支撑力尚需改善

主管部门、行业应用等领域网站间相对独立,且各模块间不能互相连通,数据无法交换,运行效率低下,不能实现系统的整合及系统间信息的更新、分析、分流和管理。旅游信息获取效率不足,信息呈现渠道较少,导致旅游公共服务平台和旅游政府门户网站仅能满足传统信息发布、内部文件交流和部分行业管理(舆情监测)功能。旅游目的地的营销体系松散,缺乏导向,难以适应不断变化的旅游市场需求。

(二)旅游营销的靶向性和精准化尚待提高

由于现有信息平台封闭,没有形成政府、企业、消费者之间的互动机制,缺乏标准统一、统计规范的旅游基础数据库和专题数据库,严重阻碍了数据的有效流通,降低了信息的使用效率。同时,旅游电子商务、旅游电子资讯相对分散,旅游数字化平台功能不完善。信息平台需要进一步完善信息采集、智能化数据储存、数字商贸、数据分析、全产业数字化集成等功能。

(三)旅游信息更新反馈机制亟待优化

现有数字化信息系统只能由政府向企业和消费者单向发布信息,企业和消费者只能被动接收信息,企业意愿和消费者需求很难反馈到政府相应的管理部门。游客旅游需求、旅游地理信息、旅游电子商务、旅游产品开发与线路设计等环节没有形成良好的信息交流和

互动机制。

四、专业人才配备和建设资金投入相对不足

信息化建设投入资金增长较快,专业人才的配备和建设资金投入金额相对不足。

(一)旅游信息化建设投入机制有待健全

各县(市、区)旅游信息化部门在机构设置、人员配备和资金投入等方面明显不足,旅游管理机构对行业信息化建设的导向作用不强。旅游信息化建设资金投入呈现出各自为战、重复投资和重投资轻运营等现象。

(二)旅游信息化建设投入效用亟待完善

涉旅企业和产业部门重视信息化投入,但尚未形成部门联合、产业融合、行业整合的发展格局。同时,企业面向智慧旅游发展所需的生产性信息技术服务能力不足、旅游信息化效用不显著、旅游信息资源开发与利用尚未形成良性循环,导致投入热情大幅度衰减。

(三)旅游信息化建设人才配备有待改善

旅游信息化建设,需要专业人才提供技术支撑和运营维护保障。缺乏高水平、高层次的领军人物、技术骨干、专业技能人才、经营管理人才和运营维护人才,尤其是精通物联网、云计算、移动互联网等信息技术的专业人才队伍相对匮乏,加剧了涉旅企业和产业部门对旅游信息化建设效果的质疑,致使智慧旅游建设延迟和滞后。

第二节　智慧酒店、景区、旅游类 App、文化创意与策划发展的短板弱项

业界普遍认为,2014 年是"中国媒体融合发展元年",媒体融合发展战略从此正式上升至国家层面。根据 2016 年广电总局颁布的《电

视台融合媒体平台建设技术白皮书》,融合媒体是全媒体功能、传播途径乃至组织结构等核心要素的汇集、聚合以及融合,是信息传输渠道多元化背景下的一种运作新模式。在这种模式下,人力、内容、宣传、媒介等多方面实施了立体整合,实现了"资源互通、内容互融、宣传兼融、利益共融"的新型媒体空间,由此赋予了融媒体"高时效传播效率、多元移动社交、广而深渗透力"的新特征。文化创意产品(文创产品)是艺术衍生品的一种,通过设计者自身对文化的理解,将原生艺术品的抽象文化元素与物质产品本身的创意相结合,形成的一种全新的文化创意产品。文化创意产业产值在 2020 年高达 8 万亿,这是一个巨大的产业。旅游文创产业因所处的时代背景而有不同的发展范式,当前面对的发展语境是融媒体时代,通过融媒体技术的运用,能更加丰富旅游体验的内涵。总体而言,一方面,融媒体为旅游文创产品研发及传播提供了技术性的基础服务;另一方面,旅游文创产品如何较好地适应急速发展中的融媒体浪潮,进而实现技术、文化、体验的深度融合,同样是亟待思考的问题。

一、旅游文化创意产业面临的挑战

(一)旅游文创产品同质化严重

融媒体时代,人人都可以为自媒体,不再局限于传统媒体传播的方式,微博、微信等网络媒体与传统媒体形成一个信息传播网络,旅游者获取的信息途径、信息量和获取效率都大大提高。通过实地走访南京夫子庙历史街区、上海城隍庙商业街区、北京铜锣鼓巷历史文化街区、西安回民街历史街区、苏州平江路历史文化街区等知名旅游目的地,这些区域的旅游文创产品大多还处于初级阶段,更多的手工艺品、旅游商品属于"义乌造",游客普遍存在"视觉疲劳"和"视而不见"的状况,能出现在游客的微博、朋友圈分享的具备"网红效应"的文创产品少之又少,游客会觉得景区的旅游文创产品相差无几,随处可见,产品同质化严重,缺乏文化和创新特色。

（二）文创产品缺乏强大 IP 引流

现在有太多的创新文创受到了质疑，我们应该给文创创新更多的容忍度。故宫博物院五年前刚开始做文创产品的时候，还有人认为是在歪曲历史，搞笑帝王文化，哗众取宠。但在融媒体时代，如果不能用年轻人的方式跟年轻人讲历史，这代年轻人将失去了解历史的兴趣，故宫博物院正是用这种定位和方式，以文创为核心，打造"皇城"文化超级 IP，并通过融媒体手段，让文创产品更接地气，从而收获了一大批忠实"粉丝"。故宫又与腾讯、阿里、凤凰等先后签署战略合作协议，推出 QQ 表情包、手游、VR 产品等，这无不是融媒体时代带来的强大引流效应。现实中像故宫这样拥有超级文创 IP 的产品凤毛麟角，出现了"有需求无供给，有产品无市场"的局面。

（三）文创产业技术融合度低

文化创意产品一般是以文化、创意理念为核心，是以人的智慧、知识和灵感在相关行业的显性物化为表现，其与媒体技术、信息传播技术和自动化技术等领域的广泛应用密切相关。旅游文创产业呈现出明显的高知识性、高智能化的特征，很多文化创意商品、文化演艺产品、文化影视作品、博物馆虚拟场景的创作都是通过与计算机仿真技术、光电技术、传媒技术等相融合而完成的；另外，旅游文创产业一般处于技术创新和产品研发等价值链的前端环节，是一种高附加值的文化产业，文化与科技的附加值比例要明显高于普通的产品和服务。当下，众多的景区和旅游目的地旅游文创产业在社会、文化、技术和媒体之间的融合程度还很低，其融合力、渗透力和辐射力还远远不足，产品开发还处于初级阶段，"看得见、摸不着、带不走"是当前文创产业发展的弊端。同时，文创产品在宣传、营销端表现乏力，融媒体运用能力不足，多依赖于官方"两微一端"平台，没有形成独立文创的传播平台。

二、旅游文创产业发展需要把握的机遇

(一)把握宏观政策利好导向

2018年8月,全国宣传思想工作会议提出了"扎实抓好县级融媒体中心建设,更好引导群众,服务群众"的要求,随着中央、省市媒体基本完成融媒体建设,县级融媒体中心依托省级平台的建设路径也进入了融合改革的高潮期。2018年,国家旅游局与文化部合并,正式组建了文化和旅游部,从纯粹的文化和单纯的旅游到赋予文化以旅游为载体,从偏向事业工作到事业和产业协同并进,推出的一系列跟文化相关的政策,强化对知识产权和版权的保护,加大了对文创产业链的支持。同年,国家发改委公布的《关于实施旅游休闲重大工程的通知》中提出了"加快旅游产品开发,培育新兴旅游业态,提升旅游产业质量,满足消费升级带来的个性化、休闲性、文化性的体验需求"新要求。这些政策对行业发展都是利好的,基于这种利好,融媒体时代的旅游文创将会呈现出新的特点和发展路径。

(二)承接社会结构及需求新变化

当前,我国社会结构正在发生深刻变化,特别是在旅游市场,几年前重点关注的是新中产的需求,如今新中产的内容也发生了变化,"95后""00后"成长为市场需求的主力军。更多的网民成为文化产业的创造者,融媒体的发展进一步激发了普通旅游者的文化创造力,旅游文创产业出现了创作和消费合一的典型形态。随之而来的是消费经济结构性改变,未来的经济发展必然是依靠消费的,现在P2P、O2O以及互联网金融业出现了很多变化,基于消费信贷的消费是未来一个大的趋势,也是未来中国经济非常重要的支柱,消费中跟精神层面相关的文娱方面的消费势必会占有更为重要的分量。

(三)顺应科技变革的时代浪潮

中国互联网发展至今,从模拟时代发展到数字时代,每个时代必

然会带来产业的变革,科技的变革提升了融媒体的内容质量以及创新模式,5G、人工智能等新技术,在文娱行业渗透得越来越深,而且新技术的融入会使得整个行业未来出现更多新的形态,这一点从基于移动互联网的应用而出现的文娱大投资浪潮可以预见。腾讯众创空间在延安开园,未来还将引入旅游产品开发、短视频创作等文创开发团队,挖掘延安本地的民俗风情,通过影视、文化等融媒体手段实行传播、推广,提升延安红色文化的旅游资源价值,全面构建延安红色文创旅游产业链。在全面建设融媒体的过程中,新技术日新月异,旅游业态层出不穷,这大大缩短了旅游文创产品与旅游消费者之间的距离,能够更好地助推旅游文创 IP 的创造和传播。

"旅游+IP+文创+融媒体"不但创新了景区营收增长的新方式,更带动了旅游流的持续增强,从消费主体引流的角度让景区火起来。

三、融媒体时代旅游文创产业的提升策略

(一)把握机遇,加快构建融媒体生态圈

国务院办公厅在印发的《关于促进平台经济规范健康发展的指导意见》中指出,支持社会资本进入基于互联网的文化、旅游等新兴领域,满足群众多层次、多样化需求,为融媒体与文创产业融合发展注入了强心剂。结合 2018 年全国宣传思想工作会议精神,进一步加快推进融媒体中心建设,做大做强主流舆论,汇聚推进文创产业高质量发展的精神力量。依托融媒体中心不仅能宣传旅游文创品牌,推广文创品牌形象,更能提高旅游城市在区域的影响力及政府公信力,更好地服务经济社会发展,旅游文创产品在与融媒体平台对接、人员构成、工作流程、资源整合等方面不断深化交流,重建媒体与文创产业间的"链条",实现"政务+旅游+文化+创意+电商+服务"多向融合发展模式,逐步建立起良性的融媒体生态圈,实现多方共赢。

(二)科技赋能,提升质量和盈利模式

2019 年 5 月,中央广播电视总台、中国移动和华为公司首次完成了"基于 5G 双频融合网络的移动场景 4K 直播测试"。经过五年的探索,伴随着 5G 时代的来临,媒体融合目前已经呈现出更加深入的态势,多种业态、多种模式、多种特色正在实践和形成。科技的发展提升了融媒体的内容质量以及创新模式,在融媒体时代,旅游文创在原创产品的发展上,不只是局限于线上。从文创产品和用户的到达层面看,通过融媒体的合作,全面展现了内容线下的 IP 的延展,用户的使用效率更高,能够用年轻旅游者喜欢的方式,唱响旅游文创产业的主旋律,通过融媒体实现内容和渠道的深度结合,打造一站式全方位的旅游体验。一个好的旅游文创产品、一个好的 IP 每五年就对外换一种语言架构和思维方式,这样才能保持自己的 IP 能够与时俱进,而不被市场淘汰。通过 5G、VR、AR、MR 技术、O2O 智慧旅游、网红直播直销在线平台技术,充分利用 5G 时代万物智联、人工智能、大数据及区块链等技术,研发 5G 泛文创融媒体营销工具,把多媒体手段和情境化消费跟人交互,实现线上线下沉浸式文化体验。融媒体技术为旅游文创"搭舞台,唱大戏",进而打造综合消费的产品体系、业态体系、服务体系和运营体系,构建多元复合型的产业发展和盈利新模式。

(三)"文创+"引领,实现文旅深度融合

竞争战略之父迈克尔·波特提到:"基于文化的优势是最根本的、最难以替代和模仿的、最持久的和最核心的竞争优势。"文化不可能直接变现,文化只有转化成文化消费业态或者消费产品才能变现,不能单纯地谈文创时谈文创,谈文化时谈文化,文化与旅游融合发展,消费业态是关键,没有消费业态、产品、服务及运营体系,一切都无从谈起。在内容为王的时代,通过旅游传播积极的价值观念、讲好中国故事是提升旅游企业核心竞争力的核心和关键。旅游文创产品

是旅游业态的一种类型,也是旅游发展不可或缺的"六要素"之一,在融媒体时代,要充分发挥旅游产业融合性强的优势特征,契合文旅融合发展理念,借鉴"互联网+"思维,开创"文创+"模式。通过融媒体作用连接与生活密切相关的产业,积极拓展"文创+影视""文创+新闻""文创+民生"等领域,满足时代旅游者的时代诉求,创新发展路径,不断增强融媒体与旅游文创产业之间的良性互动和价值凝聚,最终达成"文、旅、媒"三者"宜融则融,能融尽融"的良好发展局面。

第三节　当前制约我国应用型中高等教育人才培养的内外因素

一、应用型教育人才培养

现代社会对人才的定义可以从多个角度区分,仅从生产或劳动活动的目的划分,人才可分为学术类(理论型)、工程类、技术类和技能类四种类型。

(一)应用型人才的内涵

所谓应用型人才,指能将所学的专业理论知识和专项操作技能应用于所从事的专项社会实践的专门的人才类型。也就是说,应用型人才是在熟练掌握一线社会生产或社会实践活动的理论基础知识和操作基本技能的基础上,在一线从事生产或服务活动的技术或专业人才。应用型人才培养是以技能为中心,以培养应用型专门人才为目标的。这里的"能力"主要是指岗位能力、职业岗位群能力、专业能力、综合能力以及就业能力等。随着现代科技水平的不断提高,许多应用型人才的劳动组成中的主体部分不仅仅是动作技能,其智力成分也在不断增加。

(二)应用型人才培养的属性

与其他类型的人才培养比较,应用型人才培养主要有三大特点。

1.基础性

应用型人才的知识结构主要是围绕着一线生产或服务的实际操作需要来设计人才培养方案,在课程体系设置和教材体系建设等基本教学环节上,着重强调基础理论知识、操作技能和应用手段,而不那么高度关注学科体系的建设与延伸。

2.技能性

应用型人才的能力体系主要是以一线生产或服务操作技能的需要为核心目标,在应用型人才能力培养中,特别强调对基础理论知识的了解掌握和灵活应用,而对科研开发能力就没有更高的要求。

3.实践性

应用型人才的培养过程主要强调与基层生产与服务实践活动相结合,特别重视实践性教学环节,通常将实验教学、校外实习等作为学生训练专业技能的重要教学环节,而对毕业设计一般不会有过高的要求。

因此,应用型人才主要是指人才主体在社会实践中应用基础理论知识和基本技能,而非科学发现和科技创造,现代社会对应用型人才有着广泛的需求,特别是在社会工业化向社会信息化的转变过程中,社会对应用型人才的需求越来越迫切,也正是现代社会对应用型人才的巨大需求,为应用型中职院校的发展提供了广阔的空间。

二、人才培养模式的内涵

"人才培养模式"是从 20 世纪 90 年代中期开始在我国普遍使用的一个新概念,但到底什么是人才培养模式,至今还没有统一明晰的界定。

(一)组合说

组合说即人才培养模式是指在一定的教育思想指导下,组合人才培养目标、内容、培养方案、培养规格、学制及教学过程诸要素。

（二）范式说

范式即高等职业教育的人才培养模式,是指学校和用人单位根据教育目标共同确定的培养目标、教学内容、培养方式和保障机制的总和,并在实践中形成的定型化范式。

（三）总和说

人才培养模式是在一定的教育理论、教育思想的指导下,根据特定的培养目标和规格,以相对稳定的教学内容和课程体系为依托,不同类型的专业人才、教育和教学模式、管理制度、评估方式及其实施过程的总和。

（四）方式说

人才培养模式改革是当前学校深化教学改革的关键。所谓人才培养模式,实际上就是人才的培养目标、培养规格和基本培养方式。人才培养模式是学校为学生构建的知识、能力和素质结构,以及实现这种结构的方式,它从根本上规定了人才特征,并集中体现了教育思想观念。因此,人才培养模式应该在反映各教育层次基本内涵和本质属性的基础上,突出三个方面的内容:

1.主体的多元性

由于社会、用人单位对人才数量和质量的多层次需求,各教育层次所确定的培养目标和培养规格就有所不同,即教育主体的多元化,这就要求学校与社会、用人单位共同承担起教育主体的重任,坚持学校与社会、用人单位共同设计、构建人才培养模式的原则。

2.内涵的层次性

人才培养模式主要是围绕"培养什么样的人"和"怎样培养"这两个基本问题而展开的。因此,人才培养模式内涵的层次性表现为:一是目标体系,主要指培养目标及规格;二是内容方式体系,主要指教学内容、教学方法与手段、培养途径;三是保障体系,主要指教师队伍、实践基地、教学管理和教学评价。

3.模式的实践性

为社会主义现代化建设培养人才,应该强调理论与实践的结合,既要保证有必需的理论打下坚实的基础,又要强调实践的检验作用。只有这样培养出的人才能够在较短的时间内适应社会,用自己所学的知识,所掌握的技能为社会创造财富,接受社会的检验。只有这样才能说明我们的人才培养模式是科学的、权威的,是具有示范性标准的。

三、应用型人才培养教育的基本特征与定位

(一)基本特征

应用型人才培育是培养与我国社会主义现代化建设要求相适应的,掌握本专业必备的基础理论和专门知识技能,具有从事本专业实际工作的良好综合素质和职业综合能力,在生产、建设、管理、服务等第一线工作的应用型人才。研究型中等教育以理论知识为主线制订教学计划;而应用型中职院校则以职业技术应用与创新能力培养为主线制订人才培养方案。理论教学与实践环节教学的比例一般不同,需要处理好基础知识与专业能力训练、理论与实践的关系,人才培养要有应用性,又注重可持续性,是教育的实用化趋势的体现。目前,我国应用型人才培育具有四个方面的基本特征。

1.职业性

职业性即职业针对性。应用型教育的本质属性,即职业的针对性、就业性,同时也是应用型中等教育培养目标的基本内涵。职业性体现在:一是职业不等于专业,是专业的综合、融合和复合。应用型中等教育培养的应是能解决职业岗位综合的、复杂实际问题的人才;二是职业的具体化,即岗位,应用型中等教育必须满足学生立足上岗、服务就业的要求;三是要体现知识、技术的应用性,技术管理的综

合性。因此,应用型中等教育培养的人才除具备一定的岗位操作技能外,还掌握相当的理论知识、管理能力、发展潜能和创新能力。

2.大众性

精英中等教育的逻辑起点是"高深的学问"。进入大众化阶段以后,中等教育的外延拓展,内涵也发生了深刻的变化,特别是人才培养目标,要求不一,跨度更大。应用型人才主要培养第一线的技术、管理人员或高技术领域的技能型人才。从我国人才市场的实际看,就业的大众性已经越来越明显了。

3.市场性

应用型人才培育由于担负着对学生和社会的职业培训,其市场性比研究型中等教育更强,直接以市场为导向,满足市场的需要。目前教育界对产出什么和顾客是谁有两种不同的观点,即"产品观"和"服务观"。

"产品观"认为,顾客是社会用人单位。但是,内部顾客首先是学生,只有学生满意率高,学习质量高,才能保证教育产品的高质量。

"服务观"认为,学生是顾客。学生对服务的消费过程实际上是人力资源的开发过程,或是人力资本的增值过程,但是,最终的顾客还是社会用人单位。我国的中等教育产出的是人才产品和教育服务的整合。

4.社会性

这是应用型教育培养目标的根本价值取向,是培养人的社会活动,充分表现出地方性和行业性。面向社会,依靠社会,服务社会,满足社会、市场的需求,依托地方、行业和企业的技术与管理人员、基础设施和工作环境,以产学研结合为纽带、以服务求支持,与地方相关行业企业建立密切的合作伙伴关系,建立健全产学合作教育机制,发挥地方行业企业在办学过程中的无可替代的关键作用。同时,应用型人才教育培养的毕业生就业面向的主要是地方企业,学校还要面向地方行业企业开展职业技能培训,既为社会作贡献,又锻炼提高教师的职业实践能力,使学历教育的职业教育质量得到有效提高。

(二)科学定位

人才培养定位的关键是对所培养人才使用符合规格和规范要求的界定。中职学校的专业培养目标一般包括使用规格、规范要求和培养方向等要素。应用型中等教育教育作为中等教育体系中的一个重要组成部分,具有不同于研究型中等教育的特殊性,在科教兴国战略的实施中,发挥着不可替代的重要作用。因此,在发展社会主义市场经济过程中,应用型中等教育究竟应当如何办学、定位,如何找准自身在市场经济中的位置,充分发挥自身的独特作用,并在为社会经济发展服务中求得自身的发展,获得长远的发展动力,这是摆在教育工作者面前的重大课题。要解决这一课题,应用型教育必须坚持"面向地方、服务地方、办出特色"的办学宗旨,面向市场,紧密结合地方人才市场的需求,合理定位,办出特色。一所学校要有自己独特的亮点,以自己的亮点、优势打造品牌,提升实力,形成核心竞争力。

1. 应用型人才培育是职业教育

它是职业教育,不同于普通教育。应用型教育的专业教育性质决定了学校培养的人才是技术应用型人才。技术应用型人才是生产技术的管理者、技术标准的执行者、技术措施的处理者、技术革新的推行者。技术应用型人才在智能结构方面的具体规范和要求是:在知识方面,掌握针对性、适用性、应用性较强的专业理论知识和成熟、新颖的技术和规范,理论知识在量上以必需、够用为度,不必追求系统性和完整性。在能力方面,具有较强的工程实践能力、解决实际问题的能力、专业应用能力、现场指挥协调能力和动手操作能力等。技术应用型人才一般在生产、建设、管理、服务第一线工作,他们是社会财富的直接创造者。技术应用型人才的培养和本科层次工程应用人才的培养有着明显的差别。

2.应用型人才培养是高层次职业教育,是我国中等教育的重要组成部分

应用型教育是我国教育的重要组成部分,培养拥护党的基本路线,适应生产、建设、管理、服务一线需要的,德、智、体、美、劳等全面发展的技术应用性专门人才;学生应在具有必备的基础理论知识和专门知识的基础上,重点掌握从事本专业领域实际工作的基本能力和基本技能,具有良好的职业道德和敬业精神。应用型教育作为教育的一种类型,与研究型教育有相同之处,但我们更要充分认识它们之间的区别,这才有利于深入认识应用型教育规律,积极推进教育的产教结合,准确把握教育的目标定位。应用型教育主要有六个方面特征。

(1)教育类型的特征

应用型教育是职业岗位教育,按社会职业岗位(或岗位群)设置专业,以岗位必须具备的知识和能力为依据设置课程,根据"必需、够用"原则开展教学和实际训练。由于一个职业岗位涉及的学习内容常常涉及几个学科,自然不可能全面掌握这些学科的理论体系,而是围绕以培养岗位能力为中心决定取舍,强调所学知识的针对性、实用性,要求培养的学生具有直接适应某一岗位工作的能力,毕业后能马上顶岗工作。

(2)培养目标的特征

应用型教育培养的是技能型、操作型、高层次的高级技术人才。学生毕业即能直接上岗,中间没有也不应该有一个所谓的过渡期或适应期。同普通学校的学生一样,他们出校门之时就具有某种相当的技艺或技能。

(3)专业设置及课程设置的特征

应用型中职院校的课程设计是按照岗位、职业需要的能力或能力要素为核心展开的,或者说是以能力培养为中心展开的。在专业

教学中,不再单纯地强调专业知识或专业理论的系统性、完整性,而是强调知识的针对性及实用性。岗位或职业技术需要什么知识与能力,就上什么课、开展什么技能训练。

（4）人才培养方式的特征

应用型教育着眼于培养岗位工作能力,将技能强化训练放在极重要的地位,强调理论与实践并重,教育与训练结合,常常是边教边干,边干边学,教学与实践的比重往往达到 1∶1 左右。

（5）教育体制的特征

应用型教育强调办学的开放性,办学体制上更加灵活,强调社会参与培养人才。教学计划应由系和行业（企业）共同制订,确定高级技术型人才的"应知、应会"要求,实施由社会行业或企业公认的职业资格证书制度。

（6）师资建设的特征

应用型教育的教师无论在结构上,还是在业务要求上,都与一般的普通学校有显著的区别,表现在结构上强调专任教师与兼职教师相结合,要求教师努力向"双师型"的方向发展,既有较丰富的专业理论知识,又有较强的技能;同时要引进一部分有专长的高级工、技师充当技能训练的教师。

3.应用型教育是准公共物品

公共物品是相对私人物品而言的。"用于满足私人个别需要的物品或服务,称为私人物品或服务;满足公共需要的物品或服务,称为公共物品或服务。"公共经济学中公共物品的理论,依据物品或服务的消费是否具有竞争性和排他性,将社会产品和服务分为公共物品、私人物品、准公共物品（混合物品）。公共物品的特征可以归结为消费的非竞争性和非排他性。消费的非竞争性指一个人对该物品的消费不影响他人对该物品的消费,在该物品未达到充分消费时,一个人的消费边际成本为零。消费的非排他性指一个人对该物品的消费不能排除他人对该物品的消费,不能排除的原因,或因该物品在技术上不能分割,或排除成本过高。凡具有消费上非竞争性、非排他性的物品为公共物品,物品与服务的消费同时具有竞争性和排他性的属于私人物品,既具有竞争性和排他性但又不充分的产品与服务属于准公共物品。现实生活中大多数物品和服务都属于准公共产品或服务。

公共物品或服务应由政府提供,私人物品或服务应由消费者通过市场提供,准公共物品则应由政府和市场共同提供。私人物品应由私人提供是因为消费该物品的私人成本和私人收益对等。公共物品应由政府提供是因为该物品消费的私人收益小于私人成本,收益外溢到他人或社会。在市场经济条件下,私人(企业或消费者)从事经济活动的目标是私人收益最大化,尽管公共物品或服务是全社会的共同需求,由于成本私人负担,收益却外溢到他人,是鲜为有人愿意提供的,结果供给严重不足。则理应由政府提供,所以通过征税提供公共产品或服务。准公共物品或服务则应由政府与市场双边提供。所谓提供仅指出资或“买单”,不是指物品服务的生产和管理,即私人物品不一定由私人生产,公共物品也不一定由政府生产,提供、生产、管理是三个不同的概念,不应混同。

教育是非营利性事业,学校是非营利性组织,它提供的物品或服务是一种典型的公共物品,这几乎是世界各国都普遍认可的。许多国家实际上已经把教育看成是一种服务产业,把教育产品看成是介于公共物品和私人物品之间的准公共物品。从性质看,学校不是纯粹的公共物品,是准公共物品,与义务教育、特殊教育的典型的纯公共物品是不一样的。

依据对公共物品的分析,考虑到我国的实际情况,表 2-1 列出常见的公共物品,并尝试初步分类。

表 2-1　公共物品及其分类

纯公共物品	准公共物品
国防、外交、公共安全、罪犯改造、法律法规、宏观经济政策与宏观经济信息、货币发行、环境保护与生态平衡、传染病防治、消防服务、基础科学研究、意识形态传播	基本农产品、能源、交通、通信、城市公共服务、教育、卫生、广播、电视、社会保障、产品质量认证、企业信誉评价、地质勘探

4. 应用型人才的培养目标是培养应用型、技能型人才

科学认识应用型人才的培养目标,特别需要把握两个要点:一是培养应用型人才的教育不是低层次教育;二是应用型人才不是低层次人才。所谓应用型人才,是指具备扎实且结构合理的基础知识,有较强的实践动手能力,特别是具有运用所学知识综合解决实际问题的能力,有从事某类专业工作的一般技能和有关岗位的核心技能,有较强的创新精神和创新意识的人才。应用型人才的主要任务是将科学原理或新发现的知识直接用于与社会生产生活密切相关的社会实践领域。应用型人才的特点主要表现为,具有良好的人格、扎实的理论基础、宽广的知识面、较强的创新与实践应用能力以及组织管理和人际协调能力。应用型人才是相对于研究型人才和实用型人才而言的,他们只是类型上的差异,而不是层次上的差异。它既区别于中专类学校培养的服务于生产、服务及管理第一线并具有较强动手能力的技能实用型人才,又区别于研究型院校培养的通识型、综合型、研究型人才。根据世界教育的发展趋势,我国教育结构调整的思路是将普通学校分为四种类型:研究型——主要培养尖端的创新人才;教学研究型——主要培养基础扎实、具有一定创新能力的专门人才;教学型——一般普通院校,主要培养本科层次的专门人才;应用型——中职中专院校,主要培养专科层次的适应生产、建设、管理、服务第一线需要的技术应用型专门人才。

四、国内外人才培养模式的比较分析

发达国家的应用型人才培养教育已形成较为完整的体系和各具特色的人才培养模式,我国应用型人才教育虽起步较晚,但经过十多年的探索,也初步形成了适合我国国情的人才培养模式,为了使我国中职教育的可持续发展,将分析国内外典型的中职教育人才培养模式,以利于深化我国应用型人才培育模式改革。

(一)当前国内外人才培养模式概述

1. CBE 模式

以美国、加拿大为代表的 CBE 模式,也称"能力本位教育",是以培养学生具有职业(岗位)必须具备的全部能力为目标的教育模式,其核心是从职业岗位的需要出发,确定职业所需的综合能力和专项能力,通过有代表性的企业专家组成的课程开发委员会,再根据所需的能力设计教学内容体系,制订能力分析表(课程开发表),组织教学内容,最后考核学生是否达到这些能力要求。

CBE 模式的特色主要体现在课程开发方面,即依靠企业中从事实际工作的人员拟定岗位的综合职业能力,再以此为基础制订教学计划,它是由企业专家组成的课程开发委员会,而不是由教育工作者仅从学科知识出发制订教学计划,这样既能迅速适应市场经济的发展需要,又突出了能力培养。具体做法是:首先,由学校聘请一批行业中具有代表性的专家组成专业委员会。专业委员会的主要工作,一是按照岗位群的需要开展职业分析和定位,如职业的专业职位是工程技术员、市场营销员、工艺员等。二是分析描述该职业岗位人员的职责、任务,初步罗列出该职业岗位所需的综合职业能力。如工程技术人员"必须掌握工程管理的基本理论与方法,具备从事工程项目管理、工程项目决策与全过程管理的基本能力""能够从事工程项目投资决策、建筑施工管理、预算等技术操作""能够完成有关企事业单位、政府机关及工程建设领域工程项目决策和全过程管理工作"。三是分析讨论每项综合能力所需的技能,列出教学训练所需的工具设备等条件。通过上述分解工作,确定了从事某一职业所应具备的能力,明确了培养目标。根据分析的结果,由学校组织相关教学人员,按照教学规律,总结、归纳相同、相近的各项能力,构成教学模块,每个模块均为独立的教学单元,有特定的目标和评估标准。在此基础上排序课程,按基础、专业和实际工作需要顺序排列,同时规定学时,制订教学大纲,按照教学大纲组织教学。

CBE 模式课程设置的科学性体现在它打破了以传统的公共课、基础课为主导的教学模式,模块之间组合灵活,增删不同的模块可调整课程结构的重心和专业方向,以适应和满足个人及职业岗位的需求变化,保证了职业能力培养目标的顺利实现。但是,这种模式的职业针对性太强且相对狭窄,过分强调实践技能的培养,对基本知识、基本理论的掌握相对较少,不利于提高学生的可持续发展能力。

2."双元制"模式

"双元制"模式是以德国为代表的人才培养模式,是一种由国家立法支持、校企合作共建的办学制度,这种模式由企业和学校共同担负培养人才的任务,按照企业对人才的要求组织教学和岗位培训。"双元制"中的其中一元是指学校,其主要职能是传授与职业有关的专业基础理论知识,接受严格的文化理论教育;另一元是指校外实训场所,其主要职能是让学生在企业或单位里接受职业技能方面的专业培训,接受严格的实践操作训练,因此,这种人才培养模式又叫"双重训练制"。职业技术教育被称为是德国经济腾飞的秘密武器。德国职业技术教育院校主要有高等专科学校和职业学院。德国的专科学校是一种教育类型,而不是像我国的专科学校那样既是层次也是类型。德国专科学校专业设置侧重于工程技术领域,既招收中职毕业生,也招收普通中学毕业生。职业技术教育院校的师资非常强调实践经验(一般要求有 5 年实践经历)和必备的学历(博士学位)。校企结合的"双元制"培养模式是世界职业技术教育的最重要的培养模式之一,它充分体现了国家、学校、企业(行业)等各方面的通力合作。新时期德国职业技术教育也根据21世纪经济发展开展了改革。德国十分重视职业技术教育的人文环境和法律地位,以及毕业生很高的技术水平与技术文化给人们留下了深刻的印象。

"双元制"模式的学制通常为三年。第一学年为职业基础教育年,集中学习文化课和职业基础课,学生要从职业类别(群)中(经济、技术、社会工作或服务三个领域为主)选择学习内容;第二学年转入某一职业领域开展专业训练;第三学年则向特定职业(专业)深化,这种以较广泛的科学文化和职业理论为基础、逐步深化职业知识和技能的课程结构,被称为阶梯式结构。这种模式由学校和企业合作共同负责人才培养工作,共同制订课程学习计划,共同参与教与学及实训过程。两个学习地点,两种教学方式相互交叉、相辅相成,学生能较熟练地掌握岗位所需的技术和能力,一毕业就能顶岗工作。但是,学生在毕业时须参加国家统一考试,唯有通过考试者,才具有某种职业资格。其毕业生主要满足当地社会、经济和企业的直接需要。"双元制"模式在课程设计上突出职业导向,将基础知识、专业知识合理地组合成一个专业技术知识体系。其特点是普通理论课教学内容比较少、难度小,不过多强调高深的理论知识,够用即可;专业必修课门类少,但是覆盖面广,涵盖了专业所需的所有理论,综合性强,非常有利于培养"宽基础、复合型"的技术应用型人才。在课时分配上,普通理论教学与专业实践教学的课时之比为3∶7,充分体现出对实践教学的重视。"双元制"模式在师资队伍建设方面的规定非常严格,文化理论课教师必须是大学毕业,且接受过一定的专业教育与师范训练,掌握教育理论;实践教学的教师必须是掌握教育理论的技术专家;所有教师者必须通过规定的资格考试。对师资队伍建设强调学历、强调技术,要求掌握教育理论和教学规律,且执行资格考试制度,这从根本上保证了师资质量,保证了人才培养质量,从而保证了职业教育的质量。"双元制"模式充分调动了企业界及用人单位的积极性,促使全社会各界都关注职业教育,拓宽了办学渠道,节约了教育经费,保证了学生就业且能够学以致用,但是,这种模式过分依赖企业,过分专业化,使其人才培养极易受到经济发展起伏的制约。

3. MES 模式

MES(Modules of Employable Skills)意为模块式技能培训,是国际劳工组织于 20 世纪 70 年代末、80 年代初在借鉴德国、瑞典等国的"阶段式培训课程模式"以及英美加等国的"模块训练"等经验基础上,运用系统论、信息论和控制论开发出的职业技术培训模式,旨在帮助世界各国特别是发展中国家改变技术工人培训效率低下的状况。

MES 以每一个具体职业或岗位建立岗位工作描述表的方式,确定该职业或岗位应具备的全部职能,再把这些职能划分成各个不同的工作任务,以每项工作任务为一个模块(Modular Unit,简称 MU)。该职业或岗位应完成的全部工作就由若干模块组合而成,根据每个模块的实际需要,确定出完成该模块工作所需的全部知识和技能,每个单项的知识和技能称为一个学习单元(Learning Element,简称 LE),由此得出该职业或岗位 MES 培训的、用模块和学习单元表示的培训大纲和培训内容。

4. 国内中职教学模式

从文献资料和有关报道看,国内探索的中职教学模式大概有"五阶段周期循环中职教育模式""产学研结合模式""产教结合模式"以及传统的"三段式"教学模式等。在这些模式中,本文认为"五阶段周期循环中职教学模式"(简称"五阶段职教模式")较为科学、系统,具有一定的创新性。

"五阶段职教模式"是借鉴国外先进的中职教育模式,结合中国国情,在全面总结经验的基础上,从"市场调查与分析、职业能力分析、教学环境的开发、教学的实施、教学管理与评价"等五个阶段开展了较为深入的理论与实践研究,并运用教育学、心理学、教育技术学、课程设计理论和一般系统理论、营销学、技术经济学、质量管理学等现代科学理论,设计开发的一套较为完整的、适应我国社会主义市场经济特点的能力本位中职教学培养模式。这一模式分为五个基本阶段,具有周期循环提高的特点,所以称为"五阶段周期循环职教模式"。

"五阶段模式"的理论基础是以能力本位思想为指导,紧密结合我国中职教育的培养目标,从实际出发,其内涵分为五个阶段。

第一阶段:市场调查分析阶段。这个阶段的工作分为两项:一是市场调查,主要研究国家特别是本地区的有关政策,调查人才市场的需求,正确做出专业设置的决定;二是专业开办的可行性研究,就是根据人才需求决定培养方式、学制等,同时开展经济分析,决定是否开设此专业。

第二阶段:职业分析阶段。经过市场调查分析,确定了开设的专业,就需要研究专业培养目标。根据职业教育能力本位原则,应用职业能力和素质分析方法,开展培养目标专项职业技能和素质的分析。各个专业从现场聘请优秀第一线人员确定职业岗位所需的能力领域和技能,最终形成一份职业能力图表。

第三阶段:教学环境开发阶段。由教学环境开发专家、行业专家和教师组成教学环境开发小组。开发教学软环境:①技能分析,分析职业能力图表中的全部技能,列出每一个技能的全部操作步骤与活动内容,必须够用的理论知识,工作态度,考核评价标准,用到的设备、工作、材料与人员及安全须知。②技能组合分析,通过分析技能将相近的、便于一起教学的技能组合在一起,制订课程教学大纲并形成课程体系。③教学进程计划开发,按教学规律和技能形成规律,将各个课程和技能按学期排列。④实习基地建立。

第四阶段:教学实施与管理。教学实施过程分为四个部分:入学水平测试、制订教学计划、实施学习计划、考核与评定成绩。教学管理中要注意四个方面:①根据职业教育特点,增设市场、教学开发与评估和学生就业咨询等部门。②教师由知识的传播者转变位学习活动的管理者,学生由被动的接受者转变为主动的学习者。③教学设施设备和工具等要存取使用方便,便于教师观察、指导学生的学习活动。④建立健全学生学习档案管理制度。

第五阶段:教学评价与改进。教学评价是职教模式与周期中承上启下的一个重要环节。因此,教学评价必须标准化、规范化和制度化,以保证模式的顺利运行和周期提高。教学评价包括学生培训目标评价、教学环境评价、教学过程评价、教师评价和教学评价的评价等。

"五阶段模式"的特点:①以市场为导向,强调职业技术教育的专业设置,随着社会对人才需求的变化而变化。②以能力培养为中心,重视综合素质和职业能力的提高。③以科学方法为指导,具有较强的系统性和实用性。④具有自我完善的功能。

总之,"五阶段职教模式"针对中国的国情和实际,在市场调查与分析、职业能力分析、教学环境开发、教学实施、管理与评价等五个阶段,均比 CBE、MES 等教学模式有较大的发展和创新,得到职教专家的高度评价。

传统的"三段式"模式,虽然教学体系较为完善,但从培养学生的职业能力和综合素质方面看,显得力不从心。然而,大多数教师和管理者对"三段式"轻车熟路,加之国家对中职教育尚无规范性要求,对中职人才没有统一的标准要求,而教学模式的改革又是一场艰苦卓绝的教学"革命",因此,多数中职院校仍然采用旧模式。

另外,我国高等职业院校在开展产学研结合的过程中,应根据自身的功能定位做出正确的选择。中职高专院校在产学研结合的实践中,探索出了一些比较成功的模式。

(1)"工学交替"产学研结合模式

这是一种学生在校理论学习和在企业生产实践交替进行,理论与实践结合、学用结合的合作培养模式。这种办学模式的主要特点是,在整个培养期间根据教学需要,安排学生多次到企业实习,或顶岗工作。校企双方共同参与育人的全过程,这种模式适用于理论技术要求比较高、实训时间比较长的专业。

(2)"2+1"产学研结合模式

这是一种双向参与、分段培养的教育模式,即在三年教学中,两年在校内,一年在企业。校内教学以理论为主,并辅之以实验、实习等实践教学环节;学生在企业的一年时间以顶岗实习为主,同时学习部分专业课,结合生产实际选择毕业设计题目,并在学校、企业指导老师的共同指导下完成毕业设计。这种模式是培养具有较强实践能力的工程技术应用型人才的有效途径。

(3)"实训—科研—就业"一体化合作培养模式

这是一种校企合作,通过优质课程与有效实训的整合,以项目开发或技术服务等科技活动为媒介,重在培养学生技术应用能力和发展能力,以学生就业为导向的合作培养模式。

(4)"订单式"培养模式

这是学校和企业共同制订人才培养计划,签订用人合同,在师资、技术、办学条件等方面开展合作,双方共同负责招生、培养和就业的全过程,分别在学校和企业开展教学和生产实践,学生毕业后直接到企业就业的一种产学研结合人才培养模式。

上述人才培养模式虽然各有特色,并适用于不同的国家和地区,但其共同点表现在都强调人才培养模式的主要目标是培养学生的技术应用能力,并以职业岗位能力要求为培养目标的评价标准,以培养学生的专项能力为目标组织教学的展开,体现了"能力中心"的教学指导思想;制订能力标准,规定要有企业或行业参与,且以企业或行业具有实际工作经验的专家为主,以此为依据构建课程体系,开发课程;坚持产学结合共同培养,职业院校与企业用人单位密切合作,师生与实际劳动相结合、人才培养工作与社会需求和发展紧密结合、理论与实践相结合是人才培养的基本途径。

(二)分析与比较上述模式

国外的 CBE、双元制、MES 等应用型教学模式较为成熟,且这些教学模式都有各自的成长条件和适应环境,但是,由于它们建立在职业教育的科学基础之上,因而,具有很多的共性,主要表现为:①采用非学科式的、以能力为基础的职业活动模式;②整个教学过程是一个包括获取信息、制订工作计划、做出决定、实施工作计划、控制工作质量、评定工作成绩等环节的"完整的行为模式";③采用以学生为中心的教学组织形式;④教师的作用发生了根本性的变化,即从传统的主角、教学的组织领导者变为教学活动的监督者和学习的辅导者;⑤采用目标学习法,重视学习过程中的质量控制和评估。

除"五阶段模式"外,"产学研结合模式"和"产教结合模式"在系统性、科学性,以及各个环节的衔接、评价体系等方面均存在许多问题,尚处在探索阶段。表 2-2、表 2-3 分析比较 CBE、MES、双元制、五阶段和三段式模式等。

表 2-2　五种教学模式的比较(一)

教学模式	特点	功能	局限	适用范围
CBE 模式	1. 以任务为中心　2. 课程结构灵活　3.内容较灵活	1.能全面提升职业能力　2. 能提高教学效率	知识缺乏系统性,发展潜力较弱	各类职业技术教育与培训
MES 模式	1. 以规范为中心　2.内容针对实用性较强	1.专精、熟练技能　2. 技能训练高效	职业的发展潜力和适应性较弱	1. 短期就业训练　2. 技工培训

教学模式	特点	功能	局限	适用范围
双元制模式	内容倾向于综合性、实用性	使职业技能阶梯式发展，最终达到熟练、专精	专业理论基础较薄弱	各类应用型技术培训
五阶段模式	1. 以市场为导向 2. 以能力培养为中心 3. 以科学方法为指导 4. 具有自我完善的功能	1. 全面提中职业素质和职业能力 2. 理论学习以"必须、够用"为原则，较为扎实 3. 整合知识、技能、态度，有利于能力的形成	1. 课程开发较为困难 2. 对教师的要求较高	应用型中等教育以及同类型的培训
"三段式"模式	1. 强调知识结构的系统性、完整性 2. 注重知识的传授和记忆	1. 有助于打下良好的理论知识基础 2. 有利于开发认知发展潜力	1. 知识联系不广 2. 容易脱离职业实际 3. 不易形成职业能力	1. 继承性教育，理论型、研究型人才培养 2. 我国当前多数中职院校正运用此模式

表 2-3　五种教学模式的比较(二)

教学模式	教育成本	教学过程	教学方式	课程结构	教学目标	反馈	考核评价
CBE 模式	1.开发成本较高 2.实施成本适中	实习场所实做为主	个性化学习为主	矩阵模块式结构	1.具体 2.针对性强 3.可操作	及时	能力
MES 模式	1.开发成本较高 2.实施成本适中	实习场所实做为主	个性化学习	组合模块式结构	1.具体 2.针对性强 3.可操作	及时	能力
双元制模式	(需企业参与)成本适中	1.学校理论教学 2.工厂实践	师徒式学习	核心阶段梯式结构	1.具体 2.针对性强	不及时	操作能力水平
五阶段模式	1.开发成本较高 2.实施成本适中	课堂教学实习实训结合	群体＋个性化教学	矩阵模块式结构	1.具体 2.针对性强 3.可操作	及时	能力、知识并重
"三段式"模式	开发、实施成本均较低	课堂教学	群体施教	单科分段式	不具体、笼统	周期性、滞后	知识掌握程度

国外的人才培养模式十分强调职业技能的培养,借鉴国外人才培养模式,适应知识经济发展的要求,我们的人才培养模式应该更加灵活多样,体现职业特点,突出中职高专特色,在培养学生技能的同时,坚持以一定的基础知识作支撑,为现代化建设培养高层次的技术应用型人才。高层次的技术应用型人才是生产技术的管理者、技术标准的执行者、技术措施的处理者、技术革新的推行者,他们在智能结构方面的具体规范和要求是:在知识方面,掌握针对性、适用性、应

用性较强的专业理论知识和成熟、新颖的技术和规范；在能力方面，具有较强的工程实践能力、解决实际问题的能力、专业应用能力、现场指挥协调能力和动手操作能力。

五、当前制约我国应用型教育人才培养的内外因素

改革开放以来，我国的教育事业长足发展，涌现了一大批高等专科学校、职业大学和成人高校，创办了电视大学和自学考试等教育形式，又新设了职业院校和应用型本科院校等。近年来，我国应用型教育快速发展，办学规模持续扩大，教学资源优化配置，专业建设不断加强，自身能力发展壮大，形成了一批骨干学校和特色专业，为社会培养了大批优秀人才。由于受学校自身内部因素和外界环境的影响，也存在一些亟待解决的问题。

（一）内部因素的制约

1. 培养目标定位不准确

无论是教育部门，还是学生家长，对中职人才培养目标的认识都存在偏差。首先，中职院校一方在教育教学操作过程中对中职人才培养目标缺乏准确定位。按照国际惯例，培养高级实用型技术人才专业教育的年限不能少于三年，而目前我国其专业教育年限都不足三年。公众对中等职业教育培养哪一个层次、哪一种类型的人才，毕业以后去向如何，均模糊不清。他们对中职、中专的认识，只限于中职录取分数低于中专；对中职与普通本科的认识区别，主要局限于层次高低不同。政府与教育主管部门为了推进大众化中等教育进程，中职院校的招生也表现出一定的盲目性，忽视中职院校的客观实际和承受能力，缺乏对中等职业教育人才培养目标特殊性的分析。诚然，在经济和技术尚不发达的历史时期，把职业教育的层次定位在中专、大专水平是可行的，因为当时的生产现场需要大量技术工人和普通技术管理人员。但是，当今世界科学技术迅猛发展，知识经济初露

端倪,高科技的发展使生产从劳动密集型向高科技知识密集型转化,社会对劳动力层次的需求也越来越高。高素质的劳动力是一个国家经济发展的重要条件。近几年,世界上越来越多的国家认识到发展职业教育,尤其是发展高层次的职业教育对推动经济和社会发展的重要作用。一些发达国家也已越来越重视中等职业教育,例如,英国的职业教育就设有高级学位。

2.教育教学理念不正确

一是只认识到中等职业教育与其他中等教育的共同之处,而对中等职业教育的基本特征及特殊规定性认识不够,因而习惯于过去的中专教育或普通教育的思维定式,而不能适应中职教学;二是由于受传统的以学科为本位的教育观念的影响,产生了中等职业教育是一种"不正规""低层次"教育的错误认识,因而从自身降低了对教学质量的要求;三是在中国中等教育领域中,"学科型"教育一直是人才培养的唯一模式,许多人在思想观念上一直视其为正宗,而对其他教育模式持怀疑态度。在人们的传统观念中,更推崇理论型、研究型人才,于是,中职中专的教育理念就模仿"学科型"教育模式;四是认识不到位。中职教育起步较晚,对如何办好我国的中职教育,从上到下还缺乏充分的认识,各中职院校尚处在摸着石头过河的探索阶段,中职教育正处于从普通中等教育脱胎、分离到形成自己特色的过渡、转型期。到目前,还没有形成灵活有效的教育调节机制,中职教育还沿袭着传统的普通中等教育封闭的办学模式,"小而全",独立而封闭,这种封闭的办学体制使产教、校企间的联合无法取得实质性进展,人才培养和人才使用的供与求严重脱节。在招生规模、专业设置、培养目标等诸多方面没有经过严格、科学的市场调查和行业分析,陷于主观、盲目,由此,课程设置、教材建设、教学实训、师资队伍建设等方面缺乏科学的论证和系统的研究。总而言之,没有形成开放型的办学格局,没有形成和社会、市场密切结合的、科学系统的职业教育教学体系,没有一个行之有效的职业教育调节机制。

3.课程体系结构不合理

许多中职院校的课程体系仍然未从根本上打破原来的课程体系结构,致使课程体系设置中理论知识、职业技能、创新能力、职业素质、人文知识等各部分的比例、结构不尽合理。基础理论和专业课程比重过小,学生缺乏可持续发展的能力,后劲不足。

中职教学的课程体系可分为三块,即理论教学体系、实践教学体系、素质教育体系。课程体系是保证中职培养目标的重要环节。原有的中职课程体系强调的是"专业对口",强调的是做事教育,追求课程的完整性,忽视课程的整合和重组,学生学到的只是一门门具体课程的知识堆砌,当运用所学知识解决工作实践中碰到的具体问题时,又显得力不从心。

基础课程没有真正精选出基础性的内容,专业课程没有及时补充与专业有关的现代高新技术知识,没有考虑把那些最必需的知识教给学生,这样,既没能保证传授最基础的内容、最新的技术知识,也没能腾出一定的时间使学生接受更多的动态性知识,没有让学生学习和掌握一些具有应用潜力和再生作用、能为学生适应未来变化、服务知识经济的知识和本领。

4.培养方式不科学

新建中职院校的教学改革很多还只是停留在口头上,其教学方法、教学手段并无明显改变,远远跟不上知识经济的社会化变迁,这其中有师资整体素质的原因(如许多中职院校的现任教师,绝大多数是从学校到学校,缺乏实践能力的培养和锻炼,难以完全胜任中等职业教育对技能培训的要求),有教学设施的原因,也有教育观念的原因等,致使中职教育培养出的学生技能单一、知识面狭窄,缺乏社会发展和科技进步的后劲,难以适应未来社会发展需要。这种状况将难以培养出"入世"及知识经济所需的具有多种知识技能、全面素质和广泛活动能力的创造性人才。并且忽视学生人文素养和健康心理的培养。由于中职教育更多地关注学生专业能力和技术应用的培养，从而忽视了一些非智力的、非技术性的因素，如价值观念、道德水准、意志品格、心理情感等。学生的德育目标要求过低，人文素养不高；过于彰显个性，以至缺乏合作意识和集体主义精神。中职教育在教学理论和实践相脱节的现象较为普遍。由于中职教育起步较晚，故教师在教学上更多地沿袭了学历教育的教学方法；同时简单、片面地理解中职教育所界定的"技术应用"以及理论上的"必需、够用"的原则，教学和研究的学术性不强，任课教师对生产、社会实际了解不多，缺乏实践经验，理论和实际脱节。

5.教学内容体系不完善

一方面，中职教育专业设置仍沿袭套用专科教育的专业结构体系，在人才培养规格和办学理念上不按现实需要，没有全面调整专业结构布局；而有的普通中职学校，由于市场定位不准确，实践教学环节难以得到保障；另一方面，中职教育课程基本沿袭基础课、专业基础课、专业课的三段式课程模式，技能训练放在专业课学习之后的最后半年多的时间集中进行。这点与中职教育培养技术型、技能型人才培养规律相违背。与"三段式"课程结构模式相适应的课程结构体系是按科类构建的，文化课、专业基础性课程、专业课程、技能训练内容都是按科类组合的。按科类组合的课程内容结构体系，适合培养学术研究型人才，而不适宜培养技术型、技能型人才。构建完善的中职教育人才培养模式，不仅需要中职教育自身的努力，也需要与其相衔接的高等职业教育、普通高中教育的鼎力相助。

另外，由于社会产业结构的迅速调整和职业岗位的不断变化，许多课程的内容显得相对陈旧，知识的更新与教材滞后的矛盾日益突出，影响了中职教育为生产、建设、服务、管理第一线培养亟须人才的目标的实现。

6.教学管理不到位

教学工作是学院的中心工作，教学管理在学院管理中占有极其重要的地位。一些中职院校一时还未能适应中职院校管理模式,没有依照教育部中职中专教学管理的要求,建立健全组织系统、制度保障系统。教学管理的基本任务是:①研究高等技术应用型人才的培养规律和管理规律,改进教学管理工作,提高教学管理水平;②调动广大师生教与学的积极性、主动性、创造性;③建立稳定的教学秩序,保证教学工作的正常运行;④研究并组织实施教学改革和教学基本建设;⑤研究建立充满生机与活力的教学运行机制,形成特色,提高教学质量,保证教学秩序的有序稳定。部分中职院校的教学管理没有围绕上述任务形成合力,仅仅围绕资源整体优化,致使教学管理工作不到位。

7.考试评估不全面

中职中专的考核评价要在改革教学方法的基础上,重在考核学生的能力、技能上。而目前许多中职中专对学生的考核评估只限于笔试,考试方式没有突出多样性、针对性、生动性(如采取口试、试验、参与科研、实地调查、答辩、现场测试、操作等多种多样的形式)。忽视了课堂评价方式,教师较少在教学活动中观察和记录学生的表现,有些教师没有采取面谈、正式作业、项目调查、书面报告、讨论问题和写论文等方式考察和评价学生等。

中等职业教育的教学效果不仅体现在考试分数的高低上,更重要的是体现在动手操作能力和社会对毕业生的认可程度上,着重考查学生综合运用所学知识解决实际问题的能力。不全面的考试评估没有达到通过教与考的改革促进学生个性与能力的全面发展的效果。

8.生源质量不理想

中职教育是区别于普通中等教育的另类人才培养模式,它有自己独特的培养规律。目前,在中职招生办学方面存有滥上马、乱招生现象。如中专盲目升格,中等职教办中职班,一时间,中职教育遍地开花,这本身就使中职失去特色。中职院校在招生上存在激烈的竞争形势,带来了混乱的竞争局面——不实际的广告宣传(广告大战、自残夸大、超范围许诺、乱发通知书……)使得家长和学生如坠云里雾里,无从相信。这严重败坏了中职教育的声誉,扰乱了中职招生的正常秩序,影响了中职教育的健康发展。目前,中职院校由于招收不同起点、不同素质的学生,其考试制度较为灵活,至今没有统一的考试方式和统一的入学标准。学生入校后,中职院校面对生源素质结构复杂、水平参差不齐的学生群体,要构建统一合理的人才培养模式,难度相对就大了。再加上中职院校办学底子薄、起点低、投入少、条件差、办学特色不明显,在教学管理、教学内容、教学方法等方面的不适应,造成培养质量上的缺憾,给中职教育带来了不良影响。

(二)外在环境的制约

党中央、国务院一贯高度重视职业教育,并对职业教育工作给出多次重要指示。在构建社会主义和谐社会中,发展职业教育也是教育工作落实全面、协调、可持续发展的重要体现。社会需求是职业教育发展的最大动力,社会主义新农村建设给中职教育带来空前的机遇。当前我国现代化建设对中职教育发展提出了强劲的需求,这是中职教育人才培养面临的最大机遇,同时也要看到我国中职中专人才培养也面临着一系列外在的挑战与制约。

1.传统社会观念不科学

我国社会文化中本来就有根深蒂固的鄙薄技能型人才和职业教育的传统观念。近几年,由于普通高中热和大学热的影响,很多初中毕业生对上职业学校的热情不高,大多数学生首先选择接受普通高中教育,进而接受普通中等教育,职业教育成为无奈的选择。高校扩招后拉动了普通高中教育的快速发展,不少地方片面地满足社会对普通高中的需求,仍有一些地方对普及高中阶段教育的认识上存在着偏差,认为普及高中阶段教育就是大力发展普通高中,存在"重普通教育、轻职业教育""重文化知识、轻技能培养"的倾向,很容易造成高中教育阶段职业教育与普通教育结构的严重失衡。在一些地方,教育体系内部的有关方面的政策不够协调,如在招生中对职业学校存在歧视性政策,限制学生报考职业学校。这些都不利于中职中专的人才培养。

2.经费投入不足

2020 年时,我国财政性教育经费占国民生产总值的比重只有 4.66%,低于世界平均水平 0.6 个百分点,这个比重这几年并没有明显增长。我国用占世界 1% 的教育经费支撑着占世界 20% 多的人口教育,教育经费严重不足,处在捉襟见肘的状态。我国毕竟还是一个发展中国家,支撑中职教育发展经费的严重短缺反映在教育经费的安排上,我国职业教育经费在不断下降。政府对中职教育的投入不足,受教育者又难以承担相对较高的职业教育费用,资金短缺,使中职教育只能处于维持阶段。

中职院校的办学经费,主要来源于政府拨款与学生个人学费。在经济欠发达地区,政府的教育投入也是有限的,就是这有限的教育投入往往也偏向基础教育和普通中等教育,对职教则缺乏足够的重视;企业是中职教育的受益者,但他们没有认识到职业教育与他们之间密不可分的联系,把职教和培训看成消费而不是投资,加上社会缺乏相应的制度和约束机制,所以企业不愿承担应尽的义务和责任。投入的不足和资金来源的单一,使极其有限的经费在生源不足的情况下,只能维持正常运转,难以拿出大量资金投入硬件建设。因此,在教学基本设施——如校舍、教学设施、图书等方面还存在很大缺口,这制约了中职中专的人才培养。

3.社会支持有限

职业教育的发展本来就离不开行业企业和社会的支持。大多数行业主管部门和企业在提供实训、实习基地,指导行业职业教育等方面的支持不够,使学生的教学、操作受到较大的影响,不利于培养学生的动手能力。公安、司法、税务、金融、邮电、海关、卫生等全行业或行业部分岗位提高了用人学历层次要求,学生就业情况极不理想。同时,由于认识上的偏差,很多原来企业、事业单位以及社会各界对中职中专的毕业生存在着某种偏见,学生不能安心学习,教师不能安心教学,不利于人才的培养。

4. 制度不完善

目前,我国的就业准入制度还不健全,不少用人单位仍在招用没有经过职业教育和培训的新生劳动力和不具有职业资格的人员。职业资格证书体系不健全,现行国家职业资格标准的覆盖面小,且主要侧重于操作性岗位。同时,由于涉及职业资格证书、技术等级证书的主管部门和单位比较多,缺乏有效联系,存在证书出自多门、多头管理,职业资格证书、技术等级证书相当繁杂的现象。职业资格鉴定的管理中存在不少问题,职业资格培训无目标、无大纲、师资素质低、考试走过场、滥发证书、花钱买证以及重复考证、重复收费的现象普遍存在。还需要指出的是,职业资格证书与职业学校学历证书之间的衔接不够,职业学校学生取得职业资格证书还存在一些困难,职业学校在推进职业资格证书培训和鉴定中的作用有待进一步发挥。

六、研究应用型中等教育人才培养模式的重要性

大力发展职业教育直接关系到工业化、现代化的进程,关系到我国第三步战略目标的实现。而推进职业教育的改革与发展,是实施科教兴国和可持续发展战略的一项重大任务。大力发展职业教育,是我国国情的需要。我们处在全面建成小康社会,加快现代化进程的新阶段,既要继续推进工业化,又要加快国民经济和社会信息化,因而要充分考虑我国劳动力资源丰富的特殊国情,既要发展需要资金、技术密集型产业,又要发展有市场的劳动密集型产业;不仅需要数以千万计的专门人才,也需要数以亿计的高素质劳动者。发展职

业教育是开发人力资源,提高生产、经营、管理、服务第一线劳动者素质的最佳途径。只有提高劳动者科学文化知识水平和技术水平,才能降低成本,改进产品质量,增强竞争力,提高经济效益。同时,提高劳动者素质和职业技能,才能适应经济发展、科学进步、市场变化和岗位转换的要求,增加就业和再就业的机会。加快改革和发展职业教育,加快人才资源的开发,不仅势在必行,而且非常紧迫。职业教育是教育事业中与经济社会联系最直接、最密切的部分。中等职业教育是中等教育的重要组成部分,是实现中等教育大众化的重要基础,是职业教育的龙头,研究其人才培养模式具有三个方面的重要意义。

1. 有利于认清职业教育的形势,增强做大做强应用型人才培养教育的信心

改革开放以来,我国的职业教育有了迅速的发展。职业教育不仅作为教育事业的重要组成部分,而且成为社会发展的重要基础,成为促进就业和经济发展、提高国家竞争力的重要途径。2002 年 7 月,全国职教工作会议做出了《关于大力推进职业教育改革与发展的决定》(以下简称《决定》),在《决定》的指导下,职业教育发生了根本的变化,由教育内部的发展过渡到与社会、经济发展的结合;职业教育的内容更加丰富,由体系系统的建立、结构的合理完善,向自我发展、形成特色的方向发展;强调职业教育的时代性和社会性,即建立现代职业教育体系已成为职业教育的新动向。

从职业教育的发展现状看,应用型人才培育有着广阔的发展空间。虽然经过改革开放以来的教育扩张,中国的中等教育已由精英教育进入大众化教育阶段,但是中等教育的发展空间仍然是十分广阔的。我国中等教育学龄人口到 2008 年才达到顶峰,达到 1.2 亿人。从国家的经济、政治发展需要看,中职教育也还必须有一个量的扩张。因此,学校不应当有生源前景的忧虑,而应当忧虑教学质量、学校管理运转机制、就业率和声望等能否适应市场经济的需要。

2. 有利于认清职业教育在经济发展中的作用,加大应用型人才培养的发展后劲

从中等教育的职能说,没有中等职业教育的发展,就不能实现中等教育人才培养目标的多样化,现代中等教育的三大职能——人才培养、科学研究和直接为社会服务,就不可能完整、全面地实现,现代职业教育体系和教育制度的建立也就无从谈起。由于前几年职业教育的办学模式尚在摸索之中,教学方法、教学内容等方面和社会需要的接轨都不尽如人意,加上职业教育的观念与就业观念受传统思想的影响,使得中职教育与普通高校在就业率方面还存在着一定差距,所以高等职业教育的地位仍没能上升到和普通中等教育相提并论的高度。但是,随着社会经济的发展,中职教育的重要作用越来越凸显,人才的概念已在实际需要中出现了与时俱进的变化。而从目前我国的情况看,中职教育不仅要培养一线的指导人员,更重要的是培养一线的组织管理人员和生产人员。国际经济竞争也比以往更加依赖有知识的生产、加工和使用。在我国的制造业中,高新技术产业仅占 10%,而传统产业仍占 90% 左右。造成这一现状的根本原因就是我国劳动者的整体素质偏低,中高级技术人才严重短缺。据有关部门统计,在我国 7000 多万技术工人中,初级工占 80% 左右,中级工不到 20%,高级工仅占 2%~3%,而且这部分高级工年龄普遍偏大,多数已超过最佳敏锐操作期。全国现有工人技师 34 万人,而高级技师不到 2000 人。而发达国家的技术工人一般要达到 20%~30%。因此,我国经济发展的关键就是培养数以亿计的技术工人和高素质劳动者。而这一历史重任就落到了中等职业教育的双肩上。"二战"以后,西方发达国家经济快速增长的一个重要原因,就是中职教育及时提供了大量企业急需用的应用型、操作型人才。随着我国加入 WTO 及世界经济一体化格局的逐步形成,我国要大力发展制造业,做"世界的工厂"已是一种大势,必然需要大批熟练的高层次的职业技术人才,而这正是中职教育的强项。"没有高素质技能型劳动力的支撑,

不可能实现经济的快速发展。"我们考虑的应当是如何迅速树立新的职业教育理念,认准为社会经济发展服务的方向,尽快建立起适合与社会需要接轨的教学与管理的运转机制,抓住机遇,奋力把中职中专教育做大做强。

3.有利于认清职业教育在发展过程中的缺失,探寻应用型中等教育的发展对策

应用型中等教育作为中等教育体系中的一个重要组成部分,具有不同于研究型中等教育的特殊性,在科教兴国战略的实施中,发挥着不可替代的重要作用。中职院校已占领中等教育的半壁江山,但由于我国中职院校教育起步较晚,中职中专教育还有许多不够完善的地方,存在着诸多"缺失"。中职中专要自我完善和发展,就必须适应市场经济的需要,就必须要在理论和实践上有一个新的突破。基于中职中专的现状和未来发展需要,本研究试图在前人研究的基础上探索性思考和分析研究中职中专人才培养模式,希望对我国中职中专的人才培养模式起到抛砖引玉的作用,对指导中职中专的实际工作有一定的参考价值。

第三章

新时代智慧旅游应用型人才培养通用模式

第一节　旅游管理"双元制"人才培养模式

一、旅游管理"双元制"人才培养模式概述

德国经济的腾飞与其教育的发展是紧密相连的,"双元制"正是其教育的精华和支柱。在这种教育模式下,德国培养了大批高素质、高质量的人才,为经济的发展作出了巨大的贡献。因此,全面深入地了解"双元制"的起源、内涵、特点等,对中国借鉴"双元制"培养模式的成功经验是十分必要的。

(一)"双元制"人才培养模式的内涵

"双元制"起源于职业教育,是指"学生既在企业里接受职业技能的培训,提高实践操作能力,又在职业学校接受专业理论和文化知识教育的教育模式,是一种将企业与学校、理论知识与实践技能紧密结合,以培养高水平的专业技术工人为目标的职业教育制度"。"双元制"中的一元是学生在职业学校接受的与职业相关的基础知识和专业知识,即"学校元"。学生在职业学校的学习时间一般采取分散安排,或是集中一部分时间用于理论知识的学习。"双元制"的另一元即"企业元",它是"双元制"教育的核心部分,是指学生在企业接受职

业技能和与之相关的专业知识培训。接受"双元制"教育的学生,入学前都要与企业签订培训合同,确定培训内容、培训时间、培训津贴等。

"双元制"教育培训出的人才就业比较灵活,并不局限于本企业。学习结束后,既可以选择留在培训企业继续工作,也可以选择去其他企业任职。"企业元"与"学校元"的合二为一,使受教育者既能够学习基本文化知识与专业理论知识,同时也能够接受实际情景下的专业技能培训。

(二)"双元制"人才培养模式的形成与发展

德国"双元制"教育是由最初的学徒培训制在长久的实践中发展而来的,在经济发展与社会进步的推动下,逐渐形成了今天这种完善的教育模式。在手工业作坊中,由经验丰富的师傅向学徒传授技能和手艺,并负责徒弟的生活和培训,这是德国早期的职业培训形式。随着经济的发展和技术的革新,人们发现仅仅拥有技术已经远不能达到时代发展的要求,因此,一所负责教授读、写、算等文化知识的学校便应运而生,即星期日学校,这种学徒培训与星期日学校合作的形式便形成了"双元制"教育模式的雏形。随着技术大变革、经济大发展和机器的广泛使用,德国逐步向工业社会发展,因而对劳动者素质提出了新的要求,进一步推动了德国教育事业的发展。在这一时期,一方面,职业学校作为专门的职业教育机构从普通教育中分离;另一方面,生产的高度专业化、劳动分工的细致化,催化了另一工场——实训工场的诞生,成为专门为工人提供实际操作技能培训的场所。直到19世纪末20世纪初,"双元制"的培训模式才正式形成。

20世纪30—70年代是"双元制"培训模式逐渐完善的时期。"进修学校"改名为"职业学校",1938年颁布的《帝国学校义务教育法》强制界定职业学校教育是企业培训的一种补充,进而首次在德国范围内以法律的形式确定这种企业与学校联合培训的"双元制"模式。

"二战"后,"双元制"职业教育为德国经济发展提供了巨大的智力支持并培养了一大批后备力量,其自身也在国家和政府的强力支持下得到了很好的发展。随之,教育也反哺到德国经济发展中,促进了德国经济的腾飞。可以看出,"双元制"是一项高投资、高回报的长期措施。1964 年,联邦德国教育委员会在《对历史和现今的职业培训和职业学校教育的鉴定》中首次"使用了'双元制'这一概念,将已存在一百多年的企业与职业学校的'双元'培训形式用语言表述出来"。随着一系列职业教育法律的颁布,"双元制"得到了进一步发展,出现了"双元制"职业学院和专科学校。20 世纪 80 年代之后,德国的职业教育从最初的学徒工培训逐渐发展成为一个比较完整的培训体系,其中包括中等职业教育、职业教育、在职教育等,对德国经济、社会的发展作出了不可小视的贡献。

近年来,"双元制"模式不仅在职业教育中被广为采用,在德国的中等教育领域也显现出重要地位。例如,德国的慕尼黑联邦国防军大学、伍珀塔尔大学、马格德堡大学、不来梅大学等综合性大学都开设了"双元制"的学校教育课程。以著名的综合性院校锡根大学为例,它涵盖了自然科学、工程学、人类学、社会科学和经济学等领域,在不同专业领域开设了相关专业,开设"双元制"教育模式的共有四个系,分别是机械工程系、电子工程系、计算机系和土木工程系。迄今为止,有多家企业和锡根大学签署了机械工程专业和电子工程专业的"双元制"校企合作协议。除此之外,还有一些中小企业把一些革新项目交给学校共同开发。锡根大学努力把理论与实际结合,使教学和科研活动地区化,学校和当地企业的紧密联系使双方都能在合作中受益。

德国"双元制"教育由最初的学徒制,渐渐形成目前完善的职业教育模式,随着教育改革的促进,又逐步渗入教育中,为人才培养模式的改革提供了可参考的建议。

（三）"双元制"人才培养模式的表征与特点

1."双元制"人才培养模式的表征

"双元制"人才培养模式是在"企业元"与"学校元"的共同引导下,努力最大化整合企业与学校各自优势。在培养的过程中,双方目标是一致的,但具体的操作过程却是一分为二的。在"企业元"的主导下,学生以学徒的身份进入企业,依据职业培训条例,企业为其提供开展实践技能训练的实训车间,并配备资深的、有着丰富实践经验的实践技能教师,使学生能够在真实的情景下接受最贴近实际的教学。学生最终的学习效果是通过技能考试检验的。技能考试由第三方执行,以体现其公平性与客观性。在"学校元"的主导下,学生在学校学习基本文化知识、专业理论知识。学校按照教学计划、教学大纲设置课程,提供专门的理论知识教材,由接受过教育并持有相关职业资格证书的专业教师教授。学生理论知识的掌握情况通过资格考试考核,以确保学习的有效性。

2."双元制"人才培养模式的特点

（1）宏观方面

第一,以需求为引导。教育的目的不仅是完成对人才的培养,更重要的是要让培养出的人才能够符合市场和社会发展的需要,能够人尽其用。德国"双元制"教育在确定人才培养目标时,是以市场和社会对人才的需求为引导的。教育部门拥有完善的劳动力市场及培训市场信息,向全国提供就业指导、市场用工信息、培训信息咨询等服务,想要接受培训的人员可以依据以上信息选择职业培训的内容。另外,德国将职业性方案作为职业教育专业划分的参考,对从业者资格的要求不只是停留在某一时期的标准,而是随着生产结构、劳动组织的变化不断提高。同时,还有由全国最富代表性的企业共同建立的"职业资格早期检测系统",时时以实际需求为引导,以确保信息数据的及时性、可靠性。

第二，以法律为保障。德国教育之所以蓬勃发展，是因为国家颁布了大量的法律法规作为教育的保障，由于"双元制"的实施主体包括企业和学校，因而在制定法律保障时也从这双主体出发，加强了对企业培训的法律约束。《职业教育法》规定，企业在遵守法律规定的前提下，赋予企业开展职业培训的权利，由企业自己组织并承担责任。它是企业内职业培训最重要的法律规定。1972年颁布的《企业组织法》规定，企业委员会对促进和实施企业内职业培训有参与、影响或决定的权利。在培训合同中，企业在对被雇佣者开展培训前必须签订职业培训合同，合同一旦签订就具有法律效力，违约的任意一方都会受到法律相应的惩处。

第三，以企业为主体。德国"双元制"教育是从学徒制度发展而来的，随着工业化生产的发展，完全由企业承担的学徒制度吸收了学校教育作为补充而形成了职业教育制度。在这个教育模式中，企业是培训的主体，通过对学员的培养为企业提供了长期的人力资本支持，因而企业在其中发挥着重要的作用，主要表现在经费方面，训练所需设备设施的购买、训练师傅的工资、学徒的补助等费用都是由企业支付的；在培训场所方面，企业要提供设备精良的培训场所，以便受训者能够更真实地贴近实际工作要求。此外，大多数企业还设立了生产外的专供培训的场地，对学员提供更全面的培训。德国企业中的培训人员，必须要通过国家统一技能考试，不仅要有相关的职业技能证书，同时还要具备教育学、心理学、劳动法等相关方面的知识。由此可见，"双元制"教育中企业举足轻重的地位取决于一定的人力资本的支持，这在很大程度上决定了"双元制"教育的规模及质量。

第四，以互通教育为渠道。在德国，在普通学校完成基础教育的学生可以进入职业学校继续接受职业技能的培训，同时在职业学校接受职业技能培训的学生也可经过一定的文化课补习后，进入院校继续学习。这种教育的互通渠道使得德国的中职院校学生与接受普通教育的学生一样具有升入高等学校的资格。根据《联邦德国高等学校总法》的规定，接受"双元制"职业教育的专科学生，在毕业后可以获得与普通院校毕业生同样的毕业文凭以及学位证书，所获得的待遇也与后者相差无几。这种互通性的教育，使得人们摒弃了对职业教育的偏见，让职业教育有了一个更好的发展空间。

（2）微观方面

第一，以职业分析为引导的专业设置。职业教育专业设置是在一定的职业分析基础上形成的，职业分析是指"对所覆盖的职业岗位群或技术领域中相关层次人才所应具备的职业能力进行具体化描述，以此确定专业所应满足的具体需要"。德国职业教育的专业设置不是学科体系的产物，而是在科学的职业分析基础上确定的，以职业分析为引导，以企业需求、相对稳定和广泛适应的三大原则为基础确定培训专业。随着新兴职业的不断出现，政府每隔一段时间就会重新界定培训专业，将新兴职业纳入其中，剔除不再有需求的专业，时刻保证专业设置与产业结构调整相适应性。

第二，以职业能力为本的培养目标。德国职业教育的培养目标就是要"使学生在掌握基础理论知识和专业实践技能的同时，也能够成为将科研成果转化为实用产品的应用型工程师，或者成为具有较高管理水平的企业型工程师"，这个培养目标就是以职业能力为本位的。为了培养适应现代社会企业需求的工作人员，德国"双元制"模式不仅注重基本从业能力、职业素质的培养，还特别强调综合职业能力，即"关键能力"的训练。"关键能力"是指"超出职业技能和知识范畴的能力，它强调当职业发生变更或劳动组织发生变化时，劳动者能够在变化了的环境中重新获得新的职业技能和知识"，它在"双元制"培养目标中占据着十分重要的地位。随着科技的发展、知识的日益更新以及简单职业的复合化，要求劳动者不仅要具有职业能力，还要有自我提升的能力。因此，以职业能力为本位的培养目标是现代社会对教育改革提出的新要求，是教育改革的助推器。

第三，以职业活动为核心的课程设计。培养目标的设置需要适当的课程设计实现,将职业能力的培养作为必须实现的目标,那么课程设计标准也要以此目标为核心开展。整个课程设计围绕"职业活动"展开,并确定了以"职业活动"为核心的课程结构。

二、旅游管理"双元制"人才培养模式的实施

(一)旅游管理"双元制"人才培养模式的构筑原理

中国旅游业迅猛发展,直接刺激了市场对旅游管理专业人才的巨大需求,也极大地促进了旅游管理专业教育的不断发展,旅游管理专业教育问题逐渐成为业界研究的热点。中国多数学者已经认识到传统的"闭门造车式"教育模式已经不能适应新形势下产业发展的需求,学者们一致认为"产、学、研"结合教育模式代表了中国旅游教育的发展趋势。

"双元制"旅游人才培养模式是以"人才培养适应企业需求"为根本出发点,依据现代教育学、管理学与系统论等相关理论提出的一种更为完善的人才培养模式,其构筑原理主要有三个。

1. 系统原理

"双元制"旅游人才培养模式突破了传统旅游管理专业教育模式狭隘的局部理念。它强调系统性,优化整合学校、企业等各种主体的教育资源,从而构筑一个以"培养适应旅游产业发展需求的管理人才"为统一目标的教育系统,各子系统分工合作、紧密协调,从而产生良好的协同效应。

2. 动态原理

"双元制"旅游人才培养模式强调专业教育与产业发展的适时互动。因此,它强调教育系统与旅游业、社会开展动态的信息沟通,接受旅游业、社会对学校所培养人才的实践检验;根据考核结果找出质量偏差,采取有针对性的措施纠正偏差;超前引导旅游人才培养的总体发展,从而达到人才培养与实际需求的一致。

3.有序原理

"双元制"旅游人才培养模式强调专业教育适应产业发展的根本理念,以系统整合优化教学资源为核心,通过改进和优化课程设置、教学手段及教学方法以实现旅游管理专业人才培养的终极目标。虽然整个教育模式是一个复杂的系统,但系统流程设计却尽量简易、明晰,以便于操作。

(二)旅游管理"双元制"人才培养模式的系统要素

旅游管理"双元制"人才培养模式的系统要素主要包括培养目标、实施主体、教学体系、质量控制。四大要素相辅相成,共同构成了旅游人才培养的有机系统。

1.培养目标

培养目标是人才培养模式的中心轴线,其他要素都要紧紧围绕着这根轴线运转。旅游管理"双元制"人才培养模式的总培养目标是"培养适应产业发展需要的综合型旅游管理人才"。在这一总培养目标下,在不同阶段又有不同的、更加细化的、具体的培养目标。起步期的培养目标是培养学生广泛、深厚的公共基础理论知识,为学生后期学习打好基础;成长期的培养目标是培养学生扎实的旅游管理专业理论知识,使其初步形成专业实践认知;发展期的培养目标是培养学生娴熟的实践操作技能,积累管理经验,同时根据实际需求进一步深化、巩固旅游管理专业理论知识;成熟期的培养目标是学生在初步掌握旅游一般理论知识和实践操作技能的基础上,进一步细化专业方向,巩固和提高理论知识、技能操作、服务技巧以及管理经验等。四个阶段的培养目标层层递进,共同构筑了旅游管理专业人才培养的目标体系。

2.实施主体

传统的旅游人才培养模式的实施主体是学校,或者是以学校为主、企业为辅。而旅游管理"双元制"人才培养模式在教育实施主体上特别强调了学校和旅游企业的同等重要性,两者相辅相成、分工合作,在不同的人才培养阶段分别扮演着主角与配角。在起步期以学校为主体;在成长期以学校为主体,旅游企业为辅助;在发展期以旅游企业为主体,学校为辅助;在成熟期以学生为主体,学校与企业共同辅助。

3.教学体系

教学体系由课程设置和教学方法构成。在不同培养阶段,由于具体培养目标的不同,课程设置和教学手段也会出现差异。根据各阶段培养目标的特点,课程设置由浅入深、由简到难、由单一到综合,呈现出螺旋式上升的特点。

4.质量控制

全面的质量控制是检验旅游管理专业教育质量的有效机制,它通过对"教育产品"——人才的质量评估以检验整个专业教育系统的科学性。学校根据质量控制的反馈结果调整、改进专业教育系统中的不合理之处,从而在动态循环调整中不断推进整个专业教育系统,使其更加完善。质量控制包括学校质量监控和行业质量监控,学校质量监控主要以教学质量为评价依据,具体通过教学质量评估、教学过程控制、考试考核等措施实现;行业质量监控主要以学生的基本职业素质和职业能力为评价依据,主要通过岗位实习考核、就业反馈等措施实现。旅游管理"双元制"人才培养模式强调对旅游管理专业学生培养质量的控制要包括学校质量监控和行业质量监控两个方面,而行业质量监控所占的比重应大于学校质量监控,以体现"双元制"培养模式的"企业人才需求为人才培养导向"的特点。学校可以成立一个专门的质量评估机构,成员由专业教师、学校管理人员和用人单位的人力资源部门人员共同构成,以全面综合评价学生。

(三)旅游管理"双元制"人才培养模式的运行机制

旅游管理"双元制"人才培养模式的运行机制是指推动旅游人才

教育发展的要素结构体系及其运行规则,具有一定的稳定性和规律性。"以旅游企业需求为导向的培养目标"是整个培养机制的驱动力,它统筹教育系统的所有要素,并规定了各要素的角色定位以及运行规则。"理论知识"和"实践技能"是旅游管理专业教育的两大基本模块,两者相辅相成、协调配合,共同服务于"培养适应产业发展需要的综合型旅游管理人才"这一总培养目标。学校和旅游企业是承担"理论知识教学"和"实践技能培训"的两大主体,互补性利益驱使两者分工合作,最大限度地系统优化配置与整合校、企教学资源,从而为旅游管理专业人才培养提供充分的资源保障。学校和旅游企业联合培养的人才还需要经过"质量控制"检验,以检查"教育产品"是否符合旅游业要求。通过质量控制的反馈结果可以发现培养机制中的不合理之处并加以改进,从而不断推动整个培养系统的逐渐完善。

第二节 旅游管理"三明治"人才培养模式

一、旅游管理"三明治"人才培养模式概述

"三明治"人才培养模式起源于英国,也称工读交替人才培养模式。1903年,英国桑德兰技术学院在工程和船舶建筑系中最早开始实施该教学模式,当时学院发现传统教育模式不能使学生获得实际工作经验,因而在教学过程中夹入工作训练,即要求学生在校学习期间要有很长一段时间走出校门参加实际工作训练。这一模式像一块肉夹在两片面包中的"三明治"一样,"三明治"教学模式由此而得名。

(一)"三明治"人才培养模式的形成与发展

"三明治"教育模式的演进与发展可以分为四个阶段:20世纪初至50年代为"三明治"教育的萌芽和起步期;20世纪60至70年代为快速成长期;20世纪80至90年代为成熟发展期;21世纪初至今为繁荣稳定期。

20世纪初，英国已经有部分技术学院开始探索工学交替教学模式，其中比较有代表性的是桑德兰技术学院。建校之初，该校管理者就意识到传统教育模式已不能适应社会对人才的需求，认为学生在学习课程时，还应同时获取一些工作经验，于是率先在机械工程学院引入了一种被称作"三明治"教育的工学交替式培养课程体系。

20世纪70年代，英国成立了"三明治教育学校委员会"。委员会通过每年举办论坛和研讨会的形式，促进学校之间的交流，同时与政府建立了工作联系，为"三明治"教育模式的推广做了很多工作。1976年，英国成立了"三明治教育多科技术学院委员会"。该委员会成立后在多个学院中推广"三明治"教育模式，组织学校交流经验，同时针对如何为学生寻找合适工作等问题提出建议和指导。这两个委员会的工作得到了英国政府就业部下属的人事服务委员会的大力支持。1979年，英国成立了"三明治教育与培训教育协会"。作为全国性组织，该协会每年举行学校、雇主、学生之间的交流会议，出版反映"三明治"教育与培训发展动态的刊物，为学生和雇主牵线搭桥，提供及时有效的供需信息。

20世纪80至90年代，英国经济出现了严重下滑，学生的实习就业安置工作比较困难，"三明治"教育面临着严峻的挑战。加大政府投入、吸引更多的企业提供学生工作岗位成为"三明治"教育这一时期的重要任务。在这种情况下，英国出台了一系列政府白皮书，在政策导向和资金投入上加大了对"三明治"教育的支持力度。1982年，针对企业提供实习就业岗位不足的问题，英国政府决定对参加"三明治"教育的学生，不论是厚"三明治"还是薄"三明治"课程，都提供每周45～52英镑的资助，用于公司正常实习安置总数之外的学生补助。1987年，在《教育——应付新的挑战》白皮书中，英国政府把更有效地为经济发展服务和与工商界建立更密切的联系，作为20世纪最后十年教育改革的主要目标之一。1991年，在政府白皮书《教育的框架》中，英国政府进一步提出要鼓励企业参与教育的试点工作，旨在通过教育机构和雇主的伙伴关系,培养具有劳动技术知识和富有企业精神的毕业生。

进入21世纪,为促使教育成为凝聚国家竞争力、促进社会和经济创新发展的核心单元,英国政府将推动以产业界和学术界更为密切的合作为政策制定的重心,并以发展"世界级的技能"为主轴出台了教育的改革方案。2003年,英国教育与技能部颁布的白皮书《中等教育的未来》中指出,"我们的教育必须具备高度的灵活性,全日制课程、非全日制课程、'三明治'课程、远程课程都应该被包括在内,以顺应经济和社会的发展",并对加强产学合作提出了具体的措施,强调"产业界应与继续教育学院加强联合,通过在职培训、产学联合等方式培养出高素质创新型人才"。这些方案的推出呼应了英国政府提出的"21世纪英国的自然资源是其高素质的人民"的改革口号,体现了政府对加强校企合作、建立一个"官产学"三位一体的国家创新体系的期望,这也给"三明治"教育留下了充足的发展空间。

目前,"三明治"教育在英国教育机构中的应用相当广泛,大部分的院校都提供"三明治"课程供学生选择。"三明治"课程按照入学和教学类型可分为四种:①学生接受职业技术教育和工作训练的时间各为半年,交替进行;②接受三年制课程的学生,两年接受正式学校教育,一年接受工作训练;③在三年制课程中,安排学生第二年或第三年到企业单位实习;④在每年的教学计划中安排九个月的学校正式教育和三个月的企业实习,或是先进行一年的工作训练,再接受一年的正式教育,再配合一年的工作实习。

(二)"三明治"人才培养模式的内涵

所谓"三明治"人才培养模式,即学期按照"1+0.5+1+0.5"模式分配,实现专业教学"理论—实践—再理论—再实践"流程。

"1"——第一、第二学期在校内完成公共课、专业基础课理论学习与专业基础实训;

"0.5"——第三学期在实习指导教师的带领下前往校外实习基

地开始认识性实习,全面了解企业环境和岗位职责;

"1"——第四、第五学期返校后,根据实习中暴露出的问题和不足,开展有针对性的学习和实训;

"0.5"——第六学期学生再到企业,开始毕业顶岗实习,为毕业论文(毕业设计)和就业做准备。

(三)"三明治"人才培养模式的特点

1. 根据社会实际需要设置相应专业

英国的专业完全是根据当地的工业、商业、服务业的实际需要而设定的。设置哪些专业和开设哪些课程,先要经过多次调查,反复征询有关企事业单位的意见,再开展评价,然后报地方委员会批准。有的专业每年招生,有的专业隔年招生,还有的专业隔两年招生,如发现劳动市场某类技术人员过剩会马上停止招生。总之,以本地区的经济与社会需要为依据,针对本地区工、农、商等各行业的需求,安排教学计划,提供适应本地区的职业教育课程,使学生毕业后能马上就业,做到学以致用,是学校专业设置的出发点。学校的教学采用单元制模式。所谓"单元制",就是把一门课分成几个符合标准长度、内容相对独立的单元,学生学完几个单元,通过经常性的测验和正式考试就算通过了这门课程。学生甚至可以跨专业、跨学科选学单元,如选甲专业的几个单元和乙专业的几个单元,拓宽了学生学习的知识面,更有利于发挥学生的才能和特长。

2. 采用"三明治"教学方式

为了使学生一毕业就能适应自己的工作岗位,绝大部分学校都实行了工读交替的"三明治"教学方式:学生先用一段时间学习理论知识,再用一段时间到企业参加生产劳动,验证之前所学的理论,接着学习一段理论,然后回到实践中,如此交替,直到通过考试并得到毕业证书为止。实践证明,这种教学方式有利于学生更好地理解理论知识,掌握生产技巧和生产过程中较为重要的管理知识,熟悉自己从事的生产活动在整个生产过程中的地位及其前后衔接的生产程序和关系。英国教育的工读交替制主要分为长期和短期两种。长期的工读交替制是指在学院学习和在企业工作的年限都较长：既有"2＋1"模式，即在三年制的课程中，前两年在学校学习，第三年在企业工作；也有"1＋2"模式，即在三年制课程中第一年在企业工作，之后两年在学院学习。短期的工读交替制更为常见，通常为六个月。工读交替制的学生也分为两类：以企业为依托的和以学院为依托的。以企业为依托的学生，无论是在企业工作还是在学院学习，都由企业付薪金；以学院为依托的学生，在学院学习期间由学院提供资助，在企业时领取企业支付的工资。企业的学生可以通过学习获取更高的职业资格，改善其职业前程；学院的学生由于有企业实习的经历，因而有可能在择业中处于优势。这种学习形式要求有非常细致而周密的组织，使得学院学习与企业实习融为一体，对教师的要求也比较高。

3. 学制灵活

"三明治"模式既招收一般中学毕业生，又招收在职人员；既担负职前教育，又承担职后进修培训的继续教育；既有全日制、半日制，又有夜间制、函授制。更为突出的是，"三明治"模式可提供多级水平的课程，毕业生能获得不同的学历资格。

4. 企业在教育中发挥重要作用

在英国，企业从多个方面积极参与教育：雇主在一些教育基金会等关键机构中任职；雇主直接参与学校领导班子；企业参与制订职业资格标准；企业参与对学校的评估；企业以各种方式为学校提供资助以及与学校建立合作办学制度，提供实训设备、场地等。学校非常重视社会调查，总是根据社会、企业的需要设置专业，并严格按照企业或行业协会制订的标准教学；把职业知识纳入学校课程，开设"工作经验课程"；让学生定期到企业参观，学校教师也会经常到企业度过一段时间，以帮助他们熟悉工作环境。职业教育与企业界的密切合作还体现在职业教育与培训革新计划。

1983年开始实行"青年培训项目",该项目的重点是让青年在工作中得到实际锻炼,也使雇主关心教育,和学校一起承担培养下一代的责任。类似的项目还有"技术职业教育计划""教育——企业伙伴计划"等。

1988年起开展的"共训工程"则是以企业方为主,要求企业协助学校贯彻教学大纲,增进师生对经济和企业的了解,提高教学成绩,帮助及辅导个别学生,对学生学习、实习项目提供专家咨询,提供贯彻教学大纲所需的物质资源。

此外,学校还要为学生提供业余或暑假打工机会,有计划地组织参观公司、企业的活动以提高学生对将来工作的认知水平,得到实践经验。同时,也要求教学更具有针对性,和企业一起加强对学生的就业指导,为学生提供实践机会以及继续教育和培训的费用。在学校和企业联合管理的"共训工程"中,企业还要为教师提供工作岗位,支持企业职员到学校工作,加强校企交流。

5.政府通过立法给予支持

为了促使企业参与教育,政府可以通过立法,确保在承办继续教育的学校和公立中学的管委会中有企业主代表。1989年,英国政府宣布成立培训与企业协会,目的在于让企业在当地组织中起主导作用,赋予它们培训青年的重任,这样就使学校教育与职业培训协调发展,从而使双方的合作更加密切。企业主需要录用基础知识扎实、有培养前途的合格青年,因而他们对学校的教学方法和目标以及改革方式都要有所了解。同时,学校要符合企业主和青年人的要求,时刻掌握工作与劳动力市场的最新信息。

(四)"三明治"人才培养模式的优势

同传统的人才培养模式相比,"三明治"人才培养模式的优势主要表现在"三体现"。

一是体现了以学生为主体的办学理念,专业教学更加符合学生的认知规律。

二是体现了以就业为导向的办学方针,为企业培养出了"成品型"合格的高技能人才,有利于实行"订单教育"。

三是体现了职业教育突出职业技术能力培养的特点,专业技术应用能力的培养讲究针对性和实用性。

"三明治"人才培养模式将工程设计、研究、实验与教学融为一体,使学生能在其选择的典型工业环境中学习,并伴有各种社会、经济、生产革新活动。它不仅给学生提供了适当的理论知识与实践相结合的机会,而且使学生在做好就业准备的同时具有较高的技能和创造力,还可减轻学生经济方面的负担。如拉夫堡大学,由于该校与工业界联系异常紧密,第三年工作实习是由校方提供保证的,因而在两年基础课学习之后,学生在第三年工作实习期中是不需要交学费的,仅需向学校交付约 1850 英镑的管理费即可。而工作实习均为有偿,年薪 1~2.5 万英镑,这一年的实习工资基本可满足第四年的学习和生活费用。换言之,只要花两年的学费和生活费即可完成四年的本科学习。更重要的是,"三明治"课程大多与国际知名企业合作,学生在取得学位的同时也能获得难得的国际企业工作经验,这对毕业后找到一份好工作起着至关重要的作用。

"三明治"课程被认为是学生在学习期间取得实践经验的一个好办法。学生毕业时不但能够获得学历,同时也拥有相关工作经验。它的另外一个优点是,学生能够在学习期间获得经济收入,一年的工作经历也会使学生变得成熟、自信,同时掌握工作技能。这段经历使学生能够轻松就业,甚至有可能在实习的公司就业。各行各业的带薪实习机会能让学生真正走入社会,思维上实现从单纯的学生到社会成员的转变,学会如何在工作和社会中与人相处,这段经历尤为宝贵。

二、旅游管理"三明治"人才培养模式的实施

（一）旅游管理"三明治"人才培养模式的理念

1. 以学生为本的教学思想

"以学生为本"，就是对"以人为本"的科学发展观的落实和贯彻。就教育行业而言，"以人为本"中的"人"就是指学生，学生是教育关系和学校关系的主体，应该成为学校的"主人"，包括教育制度设计、教育管理、教学改革等各个教育相关环节，都必须围绕着提高学生素质、保障学生权益、尊重学生人格展开。在以往的教学改革中，改教多，改学少。在教与学的关系上，学生的学习一般处于被动的状态，难以充分发挥学习的积极性、主动性。

教育理念从"以教师为本"到"以学生为本"，确立了学生的主体地位，为学生的自主学习提供了多样性的选择，让学生在统一培养目标的要求下，根据个人需要、就业需要和社会需要组建合理的知识、能力以及素质结构；为学生的个性发展创造了良好的机会和条件，有利于学生根据自己的特点自主学习、自我完善知识结构和能力结构，促进综合素质的提高。以"学"的活动作为教学改革的切入点，通过学生学习方式的变革推动"教"的改革和教学质量的提高，体现对学生主体地位和能动性的认可和尊重、对学习活动独立价值的重新审视与评价以及对传统学习机制的转换与重构，实现学生角色意识的转变和学习方式的变革，并充分发挥其有效价值。学校根据实际需要，在确定培养目标与课程目标时，鼓励学生自我管理和自我调节，尽可能使教与学的活动在真实的工作情境中开展，并提倡学生主动归纳学习内容以及讨论不同观点，使其实现对知识、技能、情感态度等内容的主体性建构。这样，不但可以有效地提高学生的综合职业能力，增强教学的有效性，培养学生的可持续发展能力，而且可以将知识、技能、生活和生存知识的学习同未来的生活与工作结合。

2. 为社会服务的教育理念

为区域经济发展服务是院校的一项重要职能，具体而言就是为其所依托的区域行业企业服务。院校因企业的生存发展而发展。没有行业企业的需求，院校就没有存在的必要；没有行业企业的支撑，院校也无法按照行业企业的人才需求实施人才培养工作；没有行业企业的参与，工学结合人才培养模式的建立和实践更是无从谈起。因此，要建立工学结合的人才培养模式，首先必须与行业企业建立密切的"血缘"关系，把学校融入行业企业之中，把行业企业的理念和文化引入院校，使院校与行业企业共同"全方位、全天候、全过程"地培养人才，才能真正实现工学结合的人才培养模式。

为企业培养合格的高素质技能型人才，才能实现院校的自身价值，才能促进企业的兴旺和发展，才能实现院校的可持续发展。在某种意义上，校企合作是院校的生命线，因而必须与行业企业建立密切的"血缘"关系，从分析学生未来工作岗位和岗位能力入手，科学界定培养目标和培养方向。

(二) 旅游管理"三明治"人才培养模式的保障体系

1. 师资队伍建设

"双师型"教师队伍是"三明治"人才培养模式实施的人力资源保障。双师型教师培养一直是旅游教育的难题，采取"三明治"人才培养模式，通过聘请旅游企业管理专家作为专业带头人，聘请旅游实践专家现场指导并担任兼职教师，可以充分利用旅游企业的人力资源，解决旅游管理专业兼职教师偏少、双师素质不足的难题，而让带队教师深入旅游企业第一线，可以进一步提升他们的实践教学能力。

2. 实训基地建设

建立一批稳定的、高水平的实训实习基地是"三明治"人才培养模式实施的"硬件"保障。建立和完善中餐服务实训室、西餐服务实训室、酒店前厅实训室、客房实训室、酒吧实训室、茶艺实训室等校内实训室,制订实训室管理办法及工作制度,健全学生实训守则,给学生提供良好的校内实训场所,保障校内实训课程的顺利开展。同时,充分利用旅游企业的实习实训资源,为学校的实践教学提供保障,解决旅游管理专业校内实习实训基地条件差的问题,为学生实践能力的培养提供了有效的保障。彻底改革旅游管理专业的模拟式实习实训,缩短专业实践教育与就业岗位的距离。

3. 课程体系建设

专业课程体系和结构的合理、科学与否关系到专业培养目标能否实现。制订专业教学计划、设计开设的课程时考虑四个因素。

第一,学院的办学层次、办学条件和办学环境。

第二,理论课时与实践课时的比例。

第三,知识传授与能力培养的关系。

第四,同职业资格认证相结合,将"双证书、多证书"纳入教学计划。

在教学过程中,本着实事求是的态度,遵循"三个结合"(即素质教育与业务培养相结合、知识传授与能力培养相结合、教学与科研相结合)的指导思想,建立由公共基础课、专业基础课、专业课、专业技能实训课、选修课构成的较为科学、合理、完整的课程体系。

4. 教学方法改革

"三明治"人才培养模式对教学方法提出了更高的要求。专业教师在教学过程中,注重运用多元智能理论,注重因材施教。积极改革传统的教学方法,探索形式新颖、学生易于接受并行之有效的多样化教学方法,如倡导提问式、启发式、讨论式、案例分析、角色扮演等,激发学生的独立思考能力和创新意识。旅游院校在教育教学内容上应该充分考虑旅游企业员工的任职要求,共同开发课程,系统设计旅游管理专业教学方案。通过实行"三明治"人才培养模式,能够将学生的工作和学习有机地结合起来。通过工学交替措施,使旅游企业全方位参与旅游管理专业的人才培养,让旅游管理专业的培养目标更为明确,培养方式更加切合旅游企业的实际,使学生毕业后能很快适应旅游企业的发展。

第三节　旅游管理 TAFE 人才培养模式

一、旅游管理 TAFE 人才培养模式概述

(一)TAFE 人才培养模式的内涵

TAFE 是 Technical and Further Education 的缩写,意思是技术与继续教育。它是产生于 20 世纪 70 年代的澳大利亚且在全国通用的职业技术教育形式,其机构由国家培训管理局、州教育培训部和 TAFE 学院院级董事会组成。它是澳大利亚政府为了解决学校人才培养与就业市场之间的接口问题而建立的一个教育体系,是建立在终身教育理念基础上的具有鲜明特色的职业教育制度,旨在为各行业培养有实际工作能力的人才。TAFE 是全国性认可与互通的职业培训教育体制,主要提供专业技能的训练课程。目前,澳大利亚共有 85 个 TAFE 学院和 1132 个校区,每年有近十分之一的人接受 TAFE 的培训与教育。

广义的 TAFE 主要有四种含义。第一种指技术教育和继续教育,其中技术教育指的是以技术、技能为内容的教育,可以分为两类,即与职业生涯相关的和与职业生涯无关的。第二种特指澳大利亚公立职业技术学院,这类学院在澳大利亚教育体系中占有重要地位,它们是职业技术教育的主要提供者,也是行业培训的主力军,为各个行业提供了高质量的技术、服务、管理培训,对澳大利亚经济发展和社会稳定作出了巨大贡献。第三种指由澳大利亚政府、各类行业协会、TAFE 学院、企业和学生共同组成的公办职业技术教育体系,这个体系是"一种在国家框架体系下,以产业为推动力的,政府、行业与学校

相结合的,并与中学和大学有效衔接的,相对独立的、多层次的综合性职业教育培训体系"。第四种指以澳大利亚为代表的人才培养模式。这种模式被归纳为一种多层次的、综合性的人才培养模式,首先由国家制订框架体系,同时以产业为推动力,政府、行业、企业与学校密切配合,在办学过程中以学生为中心、以职业技能为导向,与中学和大学有效衔接。

(二)TAFE 人才培养模式的形成和发展

澳大利亚 TAFE 人才培养模式的形成和发展经历了四个阶段。

第一个阶段是 TAFE 的起步阶段。1973 年 3 月,澳大利亚联邦政府成立了技术与继续教育委员会,明确提出把技术教育与继续教育、把学历教育与岗位培训结合到一起,实行柔性的教育培训方式等一系列主张。1974 年,该委员会向教育部部长提供了一份报告,其中界定了"技术与继续教育"的内涵,建议联邦政府向各州提供资金,促进澳大利亚职业技术教育的发展。1975 年 5 月,该委员会再次向教育部部长提交报告,使 TAFE 获得了用于新教学楼建设、师资队伍建设、图书馆建设、教学大纲研究与开发和广告策划的联邦资金。澳大利亚技术与继续教育委员会的成立及关于 TAFE 的两个重要报告,提高了公众对 TAFE 的认识和了解,为 TAFE 的发展奠定了基础。

第二个阶段是 TAFE 的快速发展阶段。TAFE 在这个阶段发生了很大变化,联邦政府出台了许多重要政策,对 TAFE 的教育理念和教育结构产生了重要影响。TAFE 不仅成为了澳大利亚教育体系的重要组成部分,还成为联邦政府经济和社会政策的主要载体。澳大利亚政府加大对 TAFE 学院的的资金投入,帮助其扩大专业范围、提高教学质量、改善教学设备,增强 TAFE 学院对社会需要的反应能力,这些措施使 TAFE 学院的注册学生人数不断增加,学生结构也发生了显著变化。TAFE 灵活多样的办学形式,已经吸引了澳大利亚越来越多的各行各业的学员接受中职教育,推动着中职教育向大众化方向发展。

第三个阶段是 TAFE 的完善发展阶段。在 TAFE 委员会的努力下,1981 年在阿德雷德成立了"国家 TAEF 研究中心",该中心的主要目的是:第一,利用专家经验研究开发国家主干专业,促进 TAFE 学院的课程内容和专业标准的一致;第二,开发建立覆盖全国的 TAFE 职业技术教育统计信息系统以收集有关 TAFE 体系的信息。1983 年 11 月至 1984 年 3 月,澳大利亚 TAFE 委员会通过且执行了包括 4 个主要分类和 19 个子类在内的专业分类方案和新的 TAFE 证书系统,这标志着澳大利亚 TAFE 系统结构和理念有了新的进展。1990 年前后,TAFE 系统结构和职能发生了一些变化,主要是向培训市场发展,向以能力为基础的训练转移,向综合技能推进。联邦政府国家教育管理体系与结构也随之发生了变化,联邦政府先后成立了就业、教育和培训部,国家就业、教育和培训董事会,中职教育、就业和培训顾问委员会。20 世纪 90 年代初,提出了以能力为基础的训练要领概念。这些调整和变化使各州以不同方式重构 TAFE 系统,但是在重构过程中也显现出明显的共性。首先,把 TAFE 纳入就业和培训范畴;其次,TAFE 从政府职能转向商务活动,增加收入;最后,把管理权力移交给 TAFE 学院。

第四个阶段是 TAFE 的巩固提高阶段。这一时期澳大利亚的职业技术教育体系发生了重大变化,最终形成了制度性的结果,形成了一个完整的 TAFE 体系。1992 年,联邦政府成立了澳大利亚国家培划十一局,主要职能是负责制定发展中职教育与培训的国家战略,代表联邦政府向各州发放中职教育与培训方面的经费,管理国家培训框架。因此,国家培训局毫无疑问成为澳大利亚职业技术教育和培训体系中的核心机构。1995 年,澳大利亚资格框架建立了,它的建立标志着澳大利亚中职教育与其他教育衔接、沟通的立交桥建立起来了。经过三十多年的发展,TAFE 已经成为澳大利亚职业技术教育中的重要支柱,形成了一种在国家框架体系下以产业为推动力,以政府、行业与学校相互结合为特征,以客户为中心,开展灵活办学的、与中学和大学有效衔接的、相对独立的、多层次的综合性职业技术教育培训体系。

二、旅游管理 TAFE 人才培养模式的特点

澳大利亚 TAFE 人才培养模式被公认为世界上最为先进、最具代表性的职业教育模式之一,它的成功在很大程度上归结于它具备的、区别于其他职业教育模式的特色,主要体现在八个方面。

(一)多元化的投资体制与公平竞争的经费管理

TAFE 投资体制的多元化体现在建立了政府、行业、旅游企业和个人多元化的投资体制。TAFE 办学经费的来源是多渠道的,主要有三条途径。

一是政府投资,约占总经费的 50%,主要由州政府负责。联邦政府主要是制定政策,同时也给予一定的资助。联邦政府的拨款基本用于基础建设和部分专项设备的购买,同时也重点支持优先发展的领域或专业。

二是学校自筹经费,约占总经费的 25%～30%,主要是通过有偿服务和开展海外培训活动获得。TAFE 办学机构除了完成当年的招生计划外,政府还鼓励其以有偿服务的方式为旅游企业、公司和社团等用人单位培训人员,同时对海外学员按规定收取全额学费,每人每年约 1 万澳元。

三是学生缴纳的学费,约占总经费的 25%～30%。学生交纳的学费每年大约 2500 澳元,约占培养成本的 20%。这部分经费并不直接交给学校,而通过税务部门上缴政府,再根据不同情况返还学校。

由此可以看出,TAFE 的经费管理是在一种公平的环境下遵循市场发展规律的管理方法。TAFE 学院的办学条件、成本的高低、效益的多少将决定它能否得到经费支持。政府的经费支持方式也是根据学校的办学是否适合社会发展的需求、教学质量的高低、学生质量的优劣、就业率的高低、所使用经费的多少决定是否给予财政支持。

这种方式使 TAFE 学院处于一种竞争的环境之下,竭尽全力地提高自己的办学质量,让自己的各项条件符合财政拨款的标准。这种机制促进了 TAFE 学院的良性发展,也促进了澳大利亚旅游教育的发展。

(二)有效的质量监控管理

从管理角度看,TAFE 系统中的管与教的职能是相对分离的,这使得 TAFE 机构成为真正意义上的服务者。TAFE 机构是根据职业与培训教育机构提供的整套培训计划和大纲,依据州教育部教育服务处提供的教学计划、教学大纲、教材与实习指导书等,配置与行业实际工作岗位相一致的先进的实习、实训设备设施,设计教学程序,组织实施课堂教学和专门技能培训。因此,TAFE 学院在课程开始之前,各个方面的准备工作已非常充分,准备工作中的各个部分都是根据计划、目标制订的,这些准备工作为 TAFE 学院的教学质量打好了基础。与此同时,澳大利亚国家培训局还要监控和管理每个学院的教学质量,每个州政府还要追踪调查毕业生,确定其培养效果。这种有效的质量监控管理保证了 TAFE 学院的办学质量和毕业生的质量,也为 TAFE 学院继续得到财政支持提供了保障。

(三)统一的证书衔接管理

澳大利亚教育资格框架是普通教育、职业教育与培训教育资格的一体化体系,这种体系是实施终身教育、实现 TAFE 与其他种类教育沟通的立交桥。澳大利亚教育资格框架设有 12 级证书,其中包括高中教育证书、部分资格证书、1~4 级证书、文凭和高级文凭、学士文凭、毕业生文凭、硕士证书和博士证书,且每一级证书都要求在内容上相互衔接。

TAFE 的专业证书是从低级到高级六种等级的专业证书,包括初级证书、操作技能证书、技术证书、高级技术证书、文凭证书和高级文凭证书。学生通过学习各个课程模块之后可获得一定的学分,在学分积累到一定阶段之后才能获得相应的等级证书。各种等级的教育之间都是相互连接的,只要是高中毕业就可以进入 TAFE 学院,要是取得了高级文凭证书就可以进入本科层次的学校二年级,将来可获得学士学位。这种方式使 TAFE 学院与院校之间的联系比较紧密,也方便更多的学生进入 TAFE 学院学习。

(四)严格的师资管理

TAFE 学院的主要工作任务是开展教学,因而教师的质量是决定教学质量的关键因素。担任 TAFE 学院的教师除了必须具备本科学历,经历过师资培训之外,还必须有五年以上的在旅游企业工作的经历,必须具备岗位所需的职业技能。可见,TAFE 学院对师资的管理是相当严格的。教师在 TAFE 学院任职之后,为了顺应社会的发展,必须不断更新自己的职业技能知识。学院的每一位教师都会获得进入旅游企业开始职业技能学习的时间,他们可以去旅游企业做一段时间的兼职工作,这样可以时刻和旅游行业保持联系,了解旅游行业的职业技能进展情况。除此之外,TAFE 学院的教师是采用专职教师和兼职教师相结合的方式,兼职教师一般是在旅游行业工作的人,掌握旅游行业最新的科技信息和科技成果,这样学生可以接收到旅游行业最新的信息和技术。TAFE 学院的教师不仅仅在学校中教学,还会经常参加旅游行业协会的活动,不断地提高自己的知识和技能水平。

(五)市场化的专业设置

"专业设置以市场为导向,以满足社会需求为目标,并完全根据市场需求变化调整和修订",这是澳大利亚各类院校专业设置的基本思想。TAFE 的专业设置是完全根据当前市场的需要,旅游行业中需要什么样的人才就开设什么样的专业,市场发展新动态和企业发展新需求成为 TAFE 学院发展的外部驱动力,学院的生存和发展依赖于企业,为企业雇主服务。TAFE 在设置专业之前要依据全国的旅游行业组织预测人才的数量和能力要求,且要通过地方的教育部门和行业组织审核以确定是否开设。行业顾问委员会行使专业设置的权利,要求专业设置必须符合四个条件。

一是要开设的专业、培养的人才要符合当前的市场需求。

二是开设专业的受欢迎程度,就是学生是否有意愿学习这个专业。

三是开设专业的学校是否具备能授课的教师、教学设施和教学环境。

四是专业设置是否有利于个人的长远发展,是否符合社会的人才结构和社会经济的发展。

在此思想的指导下,澳大利亚院校对旅游管理的专业设置有很强的市场针对性。具体而言,澳大利亚院校并不单独开设旅游酒店管理专业,而是根据澳洲旅游市场的实际情况,将旅游管理细分为旅游管理、酒店管理、闲暇管理和会展管理等多门专业。因为这些专业都是从旅游管理中细分出的,所以也被统称为旅游管理专业,隶属于旅游学院或教学系。专业设置的细分不仅可以有效地保证培养目标的针对性,使学生清楚自己毕业后的就业领域,还可以保证课程设置的专业性和具体性,使学生能对旅游业中的某一领域有较为深入的了解,掌握具体实用的专业技能,从而避免出现由于专业设置过于宽泛而导致的课程设置"广而不深"和学生学习"杂而不精"的问题。

(六)开放灵活的教学组织管理

TAFE 灵活的教学组织管理主要体现在学习对象和学习方式这两个方面。

在学习对象方面,TAFE 对生源的年龄要求是没有限制的,从 17 周岁的高中毕业生到年过半百的人都可以进入 TAFE 学习;对学生从事的职业也没有要求和限制,只要想来,TAFE 学院都是抱着欢迎的态度。可见 TAFE 对生源的要求是开放性的、无限制的。

在学习方式方面,TAFE 为学生提供不同的学习地点、学习时间、学习方式,学生可以根据自己的情况选择学习方式、学习地点、学习内容、教师、考核方式,这些都具有很大的灵活性。TAFE 学院的所有课程都必须在政府注册,因而每门课都有国家代码,在澳大利亚教育资格框架的管理下,为政府和行业协会所承认,证书和文凭被全世界所认可。使用代码不仅利于国家统一管理,也方便各学院和学校之间的课程衔接和学分减免,如南岸 TAFE 政府理工学院与格里菲斯大学就建立了课程对接,前者的文凭和相关专业的课程学分被后者所认可,学生在完成南岸学院一年半的课程学习和鉴定后,可以免修大学的部分课程,继续攻读更高层次的酒店管理学位。因此,这种对接的模式给学生提供了继续深造的机会,学生可能是最初只愿意学习技能而不是获得学位或由于会考分数未达到大学入学标准而报读了 TAFE,但只要有接受教育的意愿,同样有机会进入大学。由此可见,职业教育与培训学历资格可以和教育学历资格相互衔接,为学生今后从职业转向更高层次的专业提供了一个有效的平台。由于部分课程被学校认可,人才培养上也是一种节约。

(七)能力导向的课程体系安排及选修课程包制度

由于旅游管理是一门实践性非常强的专业,澳大利亚各类院校对该专业的教学都是以能力培养为核心的,即教学工作注重向学生传授各种实用知识、技能,强调对学生实际工作能力的培养。这种思想突出体现在课程设置上,它以旅游行业组织制订的职业能力标准和国家统一的证书制度为依据,具体内容和安排由企业、专业团体、学院和教育部门联合制订,并根据劳动力市场变化情况不断修订。在澳大利亚,与旅游管理有关的课程被分为基础课、核心课和选修课。其中,基础课、核心课几乎全是培养实际能力的课程。以酒店管理为例,其基础课、核心课包括酒店管理、客房管理、观光业管理、酒店安全与失物防范等课程。每门课程的考核都是以职业能力标准和国家统一的证书制度为依据,最后根据考核结果授予不同等级的职业资格证书。

在重视培养学生实际工作能力的同时,澳大利亚院校还十分关注学生未来职业生涯的发展,通过调研旅游市场并结合以往的经验,为学生规划了多条职业生涯发展道路。例如,格里菲斯大学的旅游学院将旅游管理专业学生的职业生涯发展方向分为旅游营销、旅游项目管理、风景区管理和人力资源管理等。多样化的发展方向对激发学生的学习兴趣和提高其就业能力无疑是很有帮助的,但对学校来说,这是一个很大的挑战。因为培养学生未来的发展方向是对学生所学专业的进一步细化和深化,这不是上一两门专业课就能学到的,它需要学校投入大量的人力、物力,开展系统的、长期的教学活动,才能保证教学质量。为了应对这一挑战,澳大利亚旅游院校引入了选修课程包制度。

所谓选修课程包,就是学校根据学生的发展方向而设计的一系列选修课的组合。这一选修课的组合能够较为全面地、系统地涵盖学生所学专业中某一具体领域的知识。通过学习选修课程包,学生可以比较深入地了解某一具体领域,掌握更加专业化的知识,为以后在这一领域进一步发展打下基础。例如,格里菲斯大学旅游学院酒店管理专业的市场营销发展方向的选修课程包就包括娱乐业顾客行为学、娱乐业市场营销学、市场调研、全球营销和零售营销学等课程,这里有四点需要阐明。

其一,学生可以根据兴趣自由地选择选修课程包,从而决定自己未来的发展方向,但不能自由选课,即在选择选修课程包之后,学生必须修完该课程包内的所有课程,这样可以保证学生根据自己的未来发展方向开始集中的、深入的学习。

其二,选修课程包中的课程虽为选修课,但其重要性丝毫不逊色于必修课,选修课的开设要经过认真调研和精心设计,以保证其合理性和科学性;且无论是在学分数量、教学质量,还是在考核严格程度上,选修课都不低于必修课,甚至更高。

其三,某一选修课并不只是列入一个选修课程包。例如,娱乐业顾客行为学既属于市场营销发展方向选修课程包的内容,还属于其他选修课程包的内容。

其四,选修课并不只是为旅游管理专业单独开设的。例如,市场调研和全球营销就是市场营销专业的必修课,选修该课的学生和必修该课的学生同堂上课,且有相同要求。

由此可见,选修课程包的好处在于,通过充分利用学校资源,在不大量增加投入的情况下,实现了针对学生所学专业的某一具体领域开展系统和深入的教学,为学生未来职业生涯的发展打下了良好的基础。

(八)先进的实训管理

TAFE 的教学特点就是课堂教学和实践相结合,很多课程是边讲边操作的,锻炼学生的动手能力,因而 TAFE 对实训基地的要求是非常高的。澳大利亚政府投入了大量的资金建设实训基地,时刻保证实训基地设备的先进性,淘汰落后的设备,跟随行业的发展,以便毕业生掌握先进的技能,这样就业时就能快速地适应工作岗位。TAFE 实训当中的教学内容是由浅入深的,老师一边讲解,学生一边操作,且通过观察逐步提高对学生的要求,最终要求学生的技能水平达到行业的要求。

澳大利亚院校实训的特点是:实训总量大,但单次实训时间短,实训管理规范化。旅游管理专业的学生在进入第三学年之前,实训时间必须累计达 400 小时。学生几乎每个学期都要参加多次实训,但每次实训的时间都不长。这个阶段实训的目的是实践在课堂上学到的知识,并将其转化为实际工作能力。这种课堂学习和实训间隔进行的方式不仅符合"学习—实践—再学习—再实践"的教学规律,还有利于提高实训的针对性,因而能取得良好的教学效果。在最后一个学年,学生还要完成 200 小时的实训,但单次实训时间有所增加,这个阶段实训的目的不仅限于提高学生的工作技能,还包括使学生与企业相互了解,为学生就业创造机会。为了保证实训教学的质量,澳大利亚院校制订了严格的规章制度。学生在实训时被分成若干小组,由校方聘请的旅游业内专家带领学生在企业内实习。专家的任务包括指导和监督学生实习,协调企业与学校的行动,共同管理学生。学生被分配到具体的工作岗位,由一名或多名企业工作人员指导,参与实际工作。在实训结束时,指导学生实习的工作人员和专家共同负责填写学生的实训报告,该报告将成为日后用人企业评价学生学习成绩的重要依据。

TAFE 先进的实训管理保证了与行业发展的一致性,学生在学习的过程中接触到的总是与社会经济发展相一致的学习内容,这样掌握的技能在毕业之后能很好地适应本岗位,从而促进个人的发展。

第四节 旅游管理 CBE 人才培养模式

一、旅游管理 CBE 人才培养模式概述

CBE 是 Competency-based Education 的缩写,指的是以能力培养为中心的教育教学体系,强调的是能力本位教育,其在职业教育中具有良好的应用效果。它主要是以某一职业或者职业群需要的态度、技能、知识为目标开展课程形态的设计,其出发点就是全面分析职业角色活动,坚持为社会与产业界培训履行岗位职责所需要的能力的基本原则,充分尊重学生在学习过程中的主导地位,其最为主要的目的是要培养学生具备某一个职业必须具备的实际应用能力。

站在教育目标的角度简单分析 CBE 培养模式,其主要是体现了以能力为基础的教育理念,在该种模式之下从事教育活动时,目的性更强;站在内容的角度分析,其主要的出发点是产业界对职业能力的需求,更加注重针对学生培养企业所需要的实际操作能力。在应用 CBE 模式开展教学的过程中,一个非常重要的环节就是课程的开发。将 CBE 培养模式应用于中职旅游管理专业的人才培养中,有利于其

培养目标的具体化、质量评价的社会化、教学过程的活动化、专业教育的实践化以及文化教育的功能化。

二、旅游管理 CBE 人才培养模式的构建

(一)旅游管理 CBE 人才培养模式的内涵构建

中职旅游管理专业人才培养过程必须紧密地对接旅游产业,依据旅游产业实际的发展需求制定出合理的人才培养目标,以便于在实际的教学过程中建立起能力本位、双证融通的模块式课程体系,且在此基础上建立起能力本位、工学结合、校企合作的人才培养模式,将学生的职业素质与人文素质的培养作为基础,并将学生的可持续发展能力、创业能力、职业技能的培养作为主要的人才培养目标,将校外实训基地、校内基地与校内工作室作为人才培养平台,以便有效促进学校的人才培养目标与企业人才规格及行业人才规格的有效对接,同时促进学校的环境与实训条件、企业的环境与实训条件的对接,从而建立起工学结合的人才培养模式。在能力本位的人才培养理念中,重视学生职业技能的培养,能力的培养渗透于整个人才的培养过程中,要想学生的各方面能力都能满足实际的市场人才需求,就需要在相关的教学环节的设置过程中,做好全面的市场调研工作。

(二)旅游管理 CBE 人才培养的多元模式构建

依据中职旅游管理专业的特点,结合旅游业的实际发展需求,积极构建多元化的旅游管理专业人才培养模式是非常必要的,如"双证书＋双技能＋双素养""教室—基地—仿真公司—实习企业""基地—仿真公司—企业集中工学结合"的人才培养模式等。在培养人才的过程中,要将学校、企业联合培养作为基础,强调实践教学,将旅游企业移植到旅游基地课堂与公司中,以便在教学过程中形成突出学生技能训练的教学特色,从而有效地构建双证融通、能力本位的模块式课程体系,并有效地实施"工学结合、校企共育的基地—仿真公司—

企业"的递进式人才培养模式。在CBE人才培养模式中,以工作过程及岗位需求为主线,将相关的职业资格作为依据,将学生的能力培养作为本位,在课程设计过程中,坚持以真实项目为载体的设计理念;在人才培养模式构建过程中,注重采用具有自己专业特色的设计;在制订人才培养方案的过程中,需要注意突出注重外语培养的特点;在实施课程设置的过程中,注重强调学生的能力培养,以便打造出"双证书+双技能+双素养"的高端技能型人才,注重学生的职业素养与人文素养的培养,以便学生在获得专业基本素养的同时,能够获得良好的人文知识素养,获得相关的外语应用技能与职业技能,以强化对学生职业资格考证的培养,帮助学生在校期间能够获得相关的职业资格证书与毕业证书,同时获得管理协调能力、双语沟通能力、专业操作能力等,这对学生之后的岗位实习与工作具有非常重要的促进作用。

(三)中职旅游管理专业知识、能力、素质结构的构建

中职旅游管理专业需要明确自身职业岗位群的知识能力与态度结构,明确旅游企业的岗位专项技能和毕业生基本的职业态度、能力水平、知识水平、基本素质等方面的要求,以便为人才培养方案的制订提供科学依据;要能够明确旅游管理专业的核心课程。专业核心课程主要是指对学生的职业能力与专业性质具有较大影响的关键课程,在设置课程的过程中,应该紧紧围绕高端技能型人才的培养目标,综合考虑学生的可持续发展、职业能力、基本素质等,并要充分结合职业岗位的相关任职要求,积极引进旅游行业企业的技术规范与技术标准,充分体现职业岗位的相关认知要求,并积极灌输行业的最新发展变化情况。在课程体系构架设计的过程中,要明确相关专业的核心课程。中职旅游管理专业在开展人才培养的过程中,要能够与旅游产业的行业特点密切地对接,依据实际的行业发展特点制定相关的人才培养目标,将旅游职业的活动需求及相关的企业岗位需

求作为主体,并要在人才培养规格的设置过程中,坚持"双证书＋双技能＋双素养"的基本要求,也就是说,所培养的旅游管理专业人才要能够满足职业资格证书、毕业证书、专业技能、语言技能、职业素养、人文素养等方面的要求。同时,注意人才培养规格与人才培养目标的明确性、具体性,要能够有效地凸显出中职旅游管理专业的人才培养特色,这样培养出的旅游管理专业人才,才能更好地满足企业与行业的人才需求。在相关的岗位设置的过程中,要积极开展广泛的市场调研。在开展相关专业建设的过程中,一定要广泛地征求各方意见,通过(Developing a Curriculum,教育计划开发)委员会的充分讨论,将校企联合培养的模式作为人才的培养基础,在此基础上制订出能力本位的中职旅游管理专业人才培养模式,这对中职旅游管理专业人才的培养具有非常重要的作用。

随着社会市场经济的快速发展,中国的旅游业取得了快速的进步与发展,中职院校作为旅游管理人才培养的重要基地,积极做好旅游管理专业人才的培养工作是非常有必要的,将 CBE 模式应用于中职旅游管理专业人才的培养中,对人才培养效率与质量的提升都具有非常重要的作用,本文主要对此予以了简单分析,对实际的中职旅游管理专业的人才培养工作具有一定的参考价值。

第五节　旅游管理"产、学、研" 合作人才培养模式

中国旅游教育近年来虽然规模上得到了快速的扩张,但其人才培养却出现了理论与实践脱节等诸多问题。这就需要中等旅游院校不断加强旅游管理专业实训基地建设,着力提高教师和学生的研究水平,积极促进旅游研究成果的转化及应用,走"产、学、研"合作培养人才的道路。

一、"产、学、研"合作人才培养模式概述

(一)"产、学、研"合作人才培养模式的内涵

产学研合作是指企业、科研院所和中等学校之间的合作,通常指以企业为技术需求方与以科研院所或中等学校为技术供给方之间的合作,其实质是促进技术创新所需的各种生产要素的有效组合。随着学校功能从人才培育、科学研究到社会服务的延伸,中等教育、科技、经济一体化的趋势越来越明显,尤其是在知识经济社会中,大学将被推向社会发展的中心,成为社会经济发展的重要动力。以信息技术为标志的第三次科技革命对产学研合作起到了推波助澜的作用,其中,斯坦福大学对师生创业和建立学术界与产业界合作的积极支持,创造了"硅谷"的经济奇迹,使产学研合作在高新技术飞速发展的当今世界,成为推动经济和社会发展的一种最强劲的动力。

国内外产学研合作的形式包括:学校和企业自主联合科技攻关与人才培养;共建研究中心、研究所和实验室;建立科技园区,实施科学研究与成果孵化;建立基金会,设立产学研合作专项基金;吸纳企业公司和社会资金成立学校董事会,建立学校高科技企业以及学校与地区实行全方位合作等。其中,科技园作为教学、科研与产业相结合的重要基地,成为学校技术创新的基地、高新技术企业孵化的基地、创新创业人才培育的基地和高新技术产业辐射催化的基地。

(二)产、学、研合作人才培养模式及其特点

产学研合作按合作主体的关系可分为四种模式,分别是校内产学研合作模式、双向联合体合作模式、多向联合体合作模式和中介协调型合作模式。

1.校内产学研合作模式

中职院校为促进教学与科研结合,促进科研成果转化为生产力,筹措教育经费,利用校内自身的有形资产和无形资产、自己研究出的

科技成果和人才优势,创办自主经营、自负盈亏的经济实体,并将经济实体与教学实习基地合二为一,以达到人才培养、科研发展与经营效益并举的目的。

该模式的优势在于:便于学校统一有效地管理和规划;能更好更快地把学校的科技成果转化为产品;能促进学校主动开展市场定位,加强与社会的联系;能快速地获得收益,为学校创造新的就业岗位,缓解人事体制改革带来的人力资源闲置的压力;能较好地协调教学、科研与产业间的关系。在该模式中,由于学校既是企业的创办者,又是企业的经营者,因而优势不在商品的生产与经营,而是人才、科研与技术,若学校把精力花在合作的经营上,就势必偏离教学与科研的中心。

2. 双向联合体合作模式

中职院校的主要任务是培养人才,市场化的经营与生产不是中职院校的优势,学校市场开发能力弱,校内企业资产薄弱。在这种情况下,中职院校的产学研有必要与校外企业结合。通过与中职院校合作,校外企业获得了人才、成果与技术的有力支撑,提高了企业开发新产品的能力,促进了企业的不断发展与市场份额的拓宽。

该模式的特点是迅速直接,合作多以单个项目或成果为主,优势互补明显,主要侧重一次性操作,技术转让、项目转让、服务咨询、人员培训是其主要形式,转让或项目履行完成时合作终止,学校无须再投资,不承担什么风险。然而,这种合作模式限于直接利益双方,因行业差异导致各自出发点不同,引发诸如观念与认识、权益与利益、信息与沟通、经费与政策上等的分歧难以调和,致使合作成功率不高。

3. 多向联合体合作模式

市场是有风险的,谁都想把风险化解到最低程度。有的成果特别是大型项目,尽管有市场,但因投资过大,是双方合作无法解决的,于是就出现以三主体为主要形式的多向合作模式。三主体包括技术成果方（中职院校）、出资方（金融机构或个体资本投资者）与生产经营企业。

其特点是合作紧凑规范、风险低、合作期限长、潜力大、收益明显。由于投资需求大，出资方非常谨慎，合作前期的谈判颇费周折，有的技术成果方涉及多所学校，几方同样存在着权益与利益的问题，故成功率较低。该模式追求的是规模效益和大市场。

4.中介协调型合作模式

由于前几种合作主体都是直接利益方，在合作的整个过程中，有的分歧难以消除，如技术成果的成熟度问题、资金投入是否到位、产品开发与市场进入是否有效、权益与利益的拥有与分配标准等。另外，经常因为信息交流渠道不畅导致校方的成果价值与企业方的市场机会流失。于是，近年出现了以中介机构为纽带的合作模式。中介机构有政府生产力促进中心、学校产业推广服务中心、社会科技推广服务机构以及一些媒体附属的科技成果传播机构等。

其特点是广泛收集产学研合作的供需信息，多形式传播信息，主动牵线搭桥，以中介人的身份协调各方分歧，并提供某种形式的担保，负责信息真实性的调查与利益分割等，有意识地降低供需多方的风险程度，促进合作成功。

二、实施旅游管理"产、学、研"合作人才培养模式值得关注的问题

中国加入WTO以后，旅游业迅速发展，成为国民经济新的增长点。伴随着旅游业的迅猛发展，中国旅游教育也得到较快发展。然而，旅游教育的快速增长只是实现了规模的扩张，质量的提升并不明显。在旅游教育人才培养过程中，也出现了一些值得关注的问题。

（一）培养目标不明确

目前，旅游院校办学关注的主要是生存因素，过分注重眼前的热

门专业方向,着重发展导游和酒店管理方向。大多数院校旅游管理专业设置与职业学校过度重合,而对旅游业有着长远影响的前沿专业则少有问津。中国院校旅游管理专业人才培养中出现了两种错误的目标:一种是以业务技能培养为主,培养操作型人才;另一种是片面强调人才的高层次,以理论教育为主,培养理论研究人才。

(二)课程体系不合理

旅游院校教学存在着严重的专业课程设置过度集中、忽视实践能力培养的现象。由于中国旅游院校大多数脱胎于地理、历史、中文等相关专业,加之中国院校不注重理论与实践的培养模式,致使许多院校尚未认识到旅游行业的高实践性与高应用性。课程设置更是五花八门,地理系转来者的地理类课程占主导,历史系转来者则多重视历史、文化课程,经济类转来者多开设经济理论课程,实践课程很少。从教学形式看,课程仍然以教师课堂讲授为主要模式,学生处于被动接受状态,且教学内容多侧重理论性分析,案例使用不充分。

(三)师资力量不足

旅游院校的总体师资力量不足,业务水平偏低。一方面,专业教师在快速扩招的形势下数量明显不足,存在严重的师生比不协调问题;另一方面,教师业务结构不合理。

(四)理论和实践相脱节

学生到企业实习是目前各院校旅游管理专业的普遍做法,但在实习中从事的只是一些简单的重复操作,效果很不理想。另外,专业教师,特别是"双师型"教师相对缺乏,课堂教学与行业实际相脱节,致使许多学生重理论、轻实践,实际动手技能较差。

(五)"研"的深度不到位

主要表现在两方面:一是教师的科研并没有与企业应用紧密结合;二是学生的研究很少。目前,大多数旅游院校已经开始关注校企合作,但仅仅停留在学生实习与就业的初级层面,并没有深入"产、学、研"结合的高级层面。

（六）学生就业难

目前，中国旅游院校培养出的学生不能与旅游行业的人才需求完全对接，学生就业难，旅游中职毕业生就业更难。在旅游业的人才市场中，中职生就业不如大专生的现象非常突出。

（七）校企双方存在分歧

从旅游行业看，除酒店外，其他旅游企业都不愿意接受院校旅游管理专业的实习生。一方面是由于学生的实习时间较短，刚刚掌握各方面的技能就要结束实习，企业认为培训成本太高；另一方面，即使有些企业接受实习生，也多是把实习生视为"廉价劳动力"。一个学生一般只在一个岗位工作，且多从事简单的重复性操作。

三、构建"产、学、研"合作人才培养模式的对策

目前，中国旅游教育中"产、学、研"合作人才培养模式还很不成熟，这就需要学校、企业、政府等共同参与，以推动"产、学、研"合作人才培养模式真正应用到旅游教育之中。

（一）加强旅游管理专业实训基地建设，强化旅游教学与旅游行业实践的结合

旅游管理专业一般应在校内建立前台、餐饮、客房、导游、旅行社、信息管理等模拟性训练基地。有条件的学校最好建立实际运营性质的基地，如校园旅行社、校园酒店等。同时，借助行业力量，建立多种形式的校外实训基地也是培养旅游人才实践能力的必要途径。

旅游教育培养的人才是高素质的复合型人才，因而其校外实训基地建设应注意高层次性、多样性、稳定性和连续性。高层次性是指实训基地在行业中应具有较高的地位。基于此，旅游院校应主要在旅游业发达地区选择管理严格、信誉良好、业务规模较大的旅游企事业单位作为实训基地，也可考虑建立国外实训基地。多样性是指实

训基地类型的多样化。目前院校旅游管理专业的实训基地主要是酒店，一般采取集中实训形式，时间为 4—6 个月，基地类型和实训形式都过于单一。因此，应该加大实训基地建设的力度，建立起涵盖旅游行政管理部门、旅游景区、旅行社、酒店、旅游网络公司等在内的实训基地网络，采取集中和分散、定期和不定期等多种实训形式。校外实训基地建设还要特别强调稳定性和连续性，过于频繁的变动对学校和企业都是不利的。当确定建立实训基地时，双方应该制订详细的合作计划，明确各自的权利与义务，并以合约或协议的形式确定。在强化旅游教学与旅游行业实践方面，实习与学生课程学习冲突是一个比较突出的问题，解决的最好方法就是将课程教学与实习融为一体。具体而言就是将与实习内容相关的课程调整到实习过程中，由实训基地培训部门组织业务人员讲授，形式主要有集中课堂讲授、专题报告、专题讨论、案例评判等，课程考试由基地与学校共同组织。

（二）着力提高院校旅游管理专业研究水平，强化旅游管理专业教学与研究的结合

目前中国院校旅游管理专业教师的研究项目较少，水平不高。究其原因，主要有两个：一是旅游管理专业的师资力量不足，教师教学工作强度太大，缺少研究时间；二是旅游管理专业的学科地位较低，项目申请难度大，研究经费不足。因此，扩大旅游管理专业师资队伍规模，提高旅游学科地位是中国院校旅游管理专业首先要解决的问题。院校旅游管理专业要特别加强教师的教学与学术研究，要鼓励旅游管理专业成立专门的研究机构，并为教师申请各种科研项目及参加学术会议等提供便利条件。尤其要加强教师教学研究，增加各层次的教学改革项目，及时将研究成果应用到教学实践中。同时要注意引导学生开展研究，提高学生学习效果和实践应用能力。目前学生自主研究意识比较薄弱，因而应通过课堂教学改革提高学生自主研究的积极性。课题式教学是中国院校旅游管理专业提高教学水平，促进学生研究活动的可试行性模式。具体做法是：缩短教师

的讲授时间,再由教师负责把课程按指定课题和自选课题的形式分配给学生小组,学生在规定时间内先对指定课题开展个人研究与小组讨论,定期由组长以小组课题报告形式向教师和同学汇报,期末小组自选课题的研究与报告;成绩由教师和学生共同评定,按3:2比例构成;总成绩由平时指定课题成绩和期末自选课题成绩构成,按2:3比例折合。

(三)促进院校旅游研究成果的应用,强化旅游研究与行业经营的结合

作为应用性学科,旅游研究应该以行业实际运行情况为基础,着重解决行业发展中存在的问题,促进或引导行业发展。目前,中国院校旅游管理专业教师的研究存在着与旅游行业发展严重脱节的现象,教师的研究不能真实客观地反映行业实际。因此,院校旅游管理专业教师要注意通过多种形式参与到行业运行第一线,随时了解和把握行业运行状态,从而发现问题,寻找研究课题。当确定课题后,课题负责人要注意吸收旅游从业人员参与课题组,并时刻关注行业发展,尤其在课题研究取得成果后要及时地应用到行业中,以最大程度实现成果的转化。目前中国旅游院校在成果转化方面存在较大不足,大多数教师只注重研究本身,只关注研究成果的学术评价,并不关注其在实践中的应用。实际上,旅游行业发展是非常需要这些研究成果的。

总之,"产、学、研"之间是相互联系、相互依赖、相互促进的。中国旅游教育要想得到长足的发展,就必须进一步加强三者之间的联系,通过"产、学、研"合作为中国旅游业培养大量高素质的人才,从而推动"旅游强国"的伟大目标的实现。

第四章
新时代智慧旅游应用型人才培养的课程体系

随着我国旅游大众化新时代的到来,我国旅游教育近年来得以快速发展,旅游业对旅游管理专业应用型人才的需求日益凸显,因而培养具有较高综合职业能力的旅游应用型专业人才符合行业的发展需要。课程建设是人才培养模式的重要组成部分,应用型旅游管理专业人才培养需要完善的课程体系,因而构建旅游管理专业应用型人才培养模式的课程体系是构成旅游管理专业人才培养模式的重要内容。

第一节 我国旅游专业课程体系的发展现状

一、我国旅游专业课程体系的发展现状

随着我国旅游业从无到有,再到百花齐放的发展,我国旅游教育得到了飞速发展。近年来,许多中职学校纷纷增设了旅游管理专业,经过三十多年的探索和实践,形成了相对稳定的旅游专业课程体系。由于旅游专业办学规模的跳跃式发展,中职院校主要依托管理学、经济学等学科门类所属专业的相对成熟的课程体系以及师资力量来建设旅游专业的课程体系,对旅游专业课程体系的理论研究相对较少。在中国知网(CNKI)上搜索到的以"旅游管理专业应用型人才培养的

课程体系"为篇名的相关研究只有11篇。在实践过程中,现有的课程体系建设为旅游专业的顺利开设和培养旅游人才作出了重大贡献。然而,随着我国旅游业的快速发展,中等旅游教育的人才培养与行业需求无法对接的问题愈加严重,缺乏科学合理的旅游管理专业课程体系,课程建设存在一定的嫁接和拼凑的倾向。

二、我国旅游专业课程体系存在的问题及原因

目前大部分学校课程设置遵照了教育部"宽口径、厚基础"的教育培养原则,旅游教育根据自身的培养目标和特点,在专业课程设置上囊括了旅游活动的各个领域,积极追求与行业发展现状以及未来发展趋势对接。但是,通过深入研究,我们发现我国旅游教育课程体系仍存在诸多的不足与缺陷。

(一)培养目标与行业需求不匹配

1.培养目标不明确

课程体系的总目标就是培养适应行业发展的人才。培养目标和课程目标需要与时俱进,但要能够及时调整培养目标,达到持续改进状态却是一个难点。通过研究资料我们发现,大部分学校都遵循着教育部对旅游教育各层次培养目标的规定设置课程,如中职旅游教育的培养目标即"培养具有旅游管理专业知识,能在各级旅游行政管理部门、旅游企事业单位从事旅游服务工作的中级专门人才"。也就是说,旅游中等教育层次主要是为我国旅游业提供中级的管理服务人才,这一目标的确定框定了培养规格、课程体系,使其不能与旅游行业应用型人才的培养相对接。在课程的实施中,由于培养目标的导向,中职院校的旅游教育存在"重理论、轻实践"的现象,而学生在进入旅游企业实习的过程中必然需要掌握基本的操作技能,而中职旅游专业的学生的实操能力不过关,导致学生心理期望过高,在旅游企业实习时实践操作能力不强,不符合行业发展需求,毕业后大量出

现了不在旅游行业就业的人才流失现象。同时,毕业生是不太可能一毕业就直接进入高级管理层的,必须有从基层做起的实践过程,旅游中等教育课程设置问题突出,没有紧密结合行业的发展需要。因此,在某种程度上,旅游中等教育的人才培养目标应该是培养能够熟练掌握专业技能和有"潜力"的应用型人才。

2.培养目标过于形式化

我国中职院校各层次的旅游管理专业都设有各自的人才培养目标,但是在实际的教学过程中和课程设置方面,并没有真正做到为行业培养适合的人才,其培养目标往往流于形式,没有得到真正的实施和贯彻,也没有结合行业发展需要的实际情况调整,使得各地区各阶段旅游管理专业的课程体系区分度不大,课程雷同,相似内容过多,缺乏系统性。因而,会出现在旅游管理专业的建设中,培养目标是存在的,课程目标是明确的,课程设置是相对完整的,但是人才培养质量存在诸多问题。究其原因,主要是培养目标没有得到真正的落实和贯彻,课程设置与课程目标存在偏差。因此,不同阶段不同层次的旅游专业应建立滚动式的培养目标确立机制,充分抓住行业动态,为课程体系建设提供明确的人才培养标准。

(二)课程内容不健全

1.课程理论脱离实践

理论是指导实践的重要依据,理论学习在人才培养中起着重要的作用。然而,我国的旅游专业课程的理论研究当下还不是十分成熟,课程理论的研究未对课程实践的发挥提供有效的指导,无法适应旅游管理专业课程体系变革的需要,理论的研究滞后于实践的需要。具体来讲,旅游专业中职生的培养模式几乎都是理论性为主导,课程内容间接包括一些管理理论,但是这些知识在教学中并没有得到很好的实践验证,这些理论对旅游行业的实践指导作用往往不高。而作为实践场所的旅游企业是不可能让中职毕业生一入职就直接进入管理层的,只能让其从基层的服务工作做起。工作岗位的起点不高,致使许多的中职毕业生频繁跳槽,甚至脱离旅游这个行业,造成了旅游教育资源的浪费。同时,大批的旅游企业缺乏中、高级管理人才,大量旅游院校的毕业生又找不到理想的工作,出现中职旅游技能型人才培养与县域旅游发展没有形成有机衔接。

2. 缺乏专业规范化的教材

随着旅游教育的不断发展,旅游专业教材近年来也随之丰富起来,但是仍存在诸多问题。由于旅游教育的发展相对较晚,旅游专业的教材仍停留在对旅游业的初探期。旅游是相对较新的专业,其理论在我国并不成熟,大多数的理论基础是借鉴国外的文献而来的,再加上中职院校旅游专业的教师多是半路出家,对旅游专业知识的掌握并不透彻,也没有及时和深入研究,这对学生的课堂教学产生不良的影响。特别是很多旅游方面的教材,照搬其他的主流学科,将"旅游"一词生硬地添加而形成旅游专业的学科课程,致使这些教材缺乏旅游视角的深度,如旅游心理学、旅游经济学、旅游市场营销学等。从表面上看,旅游教材的发展似乎呈现出欣欣向荣的景象,但仔细辨别辨别,便会发现很多问题:写得多、创新点少;借鉴的多,原创的少;一个问题,反复地说。那些最新的研究成果只能出现在少数的精品杂志中,却很难出现在教材中。生产适应各阶段不同办学层次的专业规范化的教材是人才培养的基础内容和关键部分。

3. 课程内容重复现象严重

旅游专业由于其本身的特殊性,在专业内部会分化出不同的方向,如饭店管理、旅行社管理和景区景点管理等方向。在涉及各个方向的专业课程时,我们不难发现,一些课程没有很好地综合学科方向。如饭店管理类课程涉及饭店市场营销、饭店经营管理等内容;旅行社管理方向也会有旅行社经营管理、旅游市场营销等类似内容;而景区景点管理方向同样会出现类似的课程名称或内容。又如,一些大的科目作为基础理论课程在中职一年级时已经开设,如心理学,而在之后的专业课学习中又增加了如旅游心理学之类的课程。如此重复的课程门类往往让学生应接不暇,重复地接受相似的内容,只会造成学生的厌倦心理,降低其学习效率。对学校来说,也浪费了教师资源。

(三)课程设置不规范

1.课程设置缺乏规范化管理

由于旅游这一活动涉及社会发展的各个方面,旅游教育不仅要考虑到经济、文化方面,还有外交、环境等因素的影响,这些因素对旅游产生了正面或负面的影响,加上旅游行业的发展充满着“善变”的因素,使其在规范相关教育的过程中遇到不小的困难。另外,由于我国 1998 年对中等教育开展结构调整后,旅游管理学科被纳入工商管理一级学科之下,旅游管理作为二级学科,吸引力骤然下降,很多学校将旅游管理专业设在管理学院、历史学院、地理学院等,这使旅游管理专业不能独立成学院制,发展受到很大制约。旅游管理专业的课程设置也或多或少地受所在学院的其他专业的影响,课程设置不能充分反映本专业的特点。

2.实践课程设置比例偏低

旅游管理专业的学科特点具有明显的学科交叉性和渗透性,其学科基础依附于管理学和经济学,特别是旅游中等教育学生在课程的学习上均需要学习管理学、经济学等学科的基础课程。旅游管理专业的课程设置主要包括公共基础课、专业必修课、专业选修课等,其中,公共基础课除了计算机、外语等通识课之外,还包括管理学、西方经济学等课程,而旅游专业的课程内容同样离不开经济和管理的学科基础,如旅游经济学、旅游市场营销学等。可见旅游专业的课程缺乏独立的课程与教学内容,教材内容学科特点不明显,规范性不强,旅游中等教育呈现出重理论、轻实践的教学状态。据有关调查统计,在旅游专业的课程设置中,实践教学的课时比例不到总课时的20％,课程设置呈现"多基础少专业、多必修少选修、多理论少实践"的特点。实践教学课程比例过低,仅仅依靠零散的实践活动和毕业实习的现状不利于学生综合能力的培养和职业发展。

(四)课程教学过程不完善

1.教师无法兼顾学生"双基"的发展

许多缺乏旅游专业授课经验的年轻教师,在传授旅游基础知识时,往往会忽视旅游基本技能的强化训练。这种情况产生的原因一方面在于教师对课程的教学目标把握得不够深,没有注意到学生"双基"(基本知识和基本技能)的协调发展;另一方面则在于教师的课堂控制能力不强,教学经验不足,因而不能兼顾到学生"双基"的同时发展,这直接影响了学生职业能力的培养。

2.问题探究式教学遏制学生能力的发展

在对学生职业能力进行培养的课程实施中,教师通常会采用问题探究式的教学方法,通过提出问题,学生寻找答案,这种方法在能力培养方面也许会有效,但如果教师一味地提问,却也阻碍学生独立发现问题、提出问题能力的发挥,使学生的思维过程缺乏完整性,思维能力不能得到完全发展。同时,教师的提问虽然针对全体学生,但由于教学时间、教学进度以及教学方式等限制,经常是固定的一些学生回答问题,无法调动所有学生的积极性,这使得教师在课堂上很少关注到大多数学生,无法真正了解到学生掌握知识和技能的情况,学生的能力因而得不到足够的发展。

3.课堂讲授式忽视学生的主体发展

目前,旅游教育的课程教学仍主要以讲授式为主,这种以灌输为主、学生自主学习为辅的教学方式导致学生不是主动的学习者,而是信息的接收者。在传统的课堂讲学中,学生的主体地位被忽视,学生的个性、独立性以及自主性得不到发展,另外,学生在学习中发现的具体问题以及产生的实际需要不能得到及时的关注。此外，单调的讲学使旅游教育的课堂变得枯燥。在调查旅游专业的教学方式时，我们了解到 60％的学生认为教师的教学方式是知识灌输式，只有 30％的学生认为教师在教学方式中将理论与实践结合了。在旅游专业课程中，老师除了需要有一定知识积累外，还要在讲解中不断地将理论知识通透地讲授给学生。研究发现，大部分旅游专业学生都是以接受知识灌输式的教学方式为主，也就是说，学生被动地从教师那儿获得一个结论，却往往是知其然而不知其所以然。

（五）缺乏规范的课程评价机制

1.课程评价方式单一

由于中职院校旅游专业对学生的课程考核方式主要以笔试为主，且对部分课程采用考试的方式，故而学生往往只关注考试课的课程学习。而考试课的考核以期末的闭卷作答方式为主，辅以教师对学生平时的表现给予的平时成绩，最后确定学生本门课程的总成绩。如旅游专业的院校对学生的评价主要是采用"课堂回答＋作业＋期末考试"的方式，其中最主要的课程评价手段仍然是考试，而且是以笔试为主要形式。虽然国家已经多次提出要关注学生的综合素质和实践动手的能力，但最终的评价方式仍然难以改变，教师大多数看重的是学生对理论知识的掌握程度，却很少提及学生在旅游职业技能方面的评价，而且试题的设计往往是在考查学生的背诵、记课堂笔记等低技能性的能力。为了通过考试，大部分学生不得不以同样的方式获得知识，而真正做到了掌握基本知识的学生却寥寥无几。这种传统的课程评价，实质上只是评价了学生的"知"，并没有评价学生的"做"，也无法评价学生的能力、态度、情感以及价值观等方面。

2.课程评价的主体单一

在现有的旅游教育评价体制中，评价的主体仍然是教师。在评价的标准、内容以及评价的方式的确定上，教师拥有较大的决定权，评价的主体过于单一。为了提高培养质量,无论是教学的课程目标还是课程内容,都需要由学生和教师共同完成,而在中职旅游专业的课程评价中,主体却只有教师,这不仅使教师无法完整地完成教学计划,而且也会使这种计划在实施中遇到重重障碍,从而影响评价结果的质量及准确度。课程评价有时也以学校行政部门的评价为主,这不仅忽视了课程教学的真正主体,也使得教师无法总结学生的学习以及自己的教学成果,学生也无法对课程的实施开展信息反馈。

(六)缺乏科学完善的课程体系

1.课程体系内容与人才需求不相符

当今,我国旅游中等教育还没有真正从传统中等教育模式中走出来,其表现为:教育理念落后、教学方式单一。传统的旅游中等教育重理论知识传授,轻实践能力培养,教学模式主要以课堂为主,而社会实践所占比率很小,这主要是受我国中等教育客观环境影响的结果。我国的旅游中等教育随着我国旅游业的飞速发展而发展,许多院校纷纷设立了旅游管理专业,但是课程设置以既有的师资状况为依据,即所谓的因人设课。这种情况下开展的旅游中等教育,在课程设置方面经常出现旅游管理专业课程与其他专业课程生硬组合的情况,乃至于完全脱离当前旅游行业对人才的需求,这使学生在走出校门后,并不能很好地适应市场的需求。这些问题和现象的出现,跟我国旅游业起步晚、发展快的特点是有关联的。我国的旅游业经历了从无到有、从单纯的入境旅游到国内旅游的崛起,再到出入境旅游与国内旅游齐头并进的历程,旅游业的"井喷"催生了旅游教育的快速发展,从中职、高职、大专到本科、研究生甚至是博士生的人才培养全方位、多层次展开。"井喷"式的发展必然导致了旅游专业教育的无序和混乱,反映在课程体系上,表现为各校课程杂乱,即使设置了相同的课程名录,其实际的授课内容和效果却不尽相同。

反观旅游业的人才需求,专业化程度越来越高的旅游产业,要求旅游从业人员具备较高的专业素质,这就给旅游中职层次的中等教育提供了教育目标，即培养业务能力强的应用型人才。我国加入WTO以后，国外企业陆续进入旅游业，国内的旅游企业面临着日趋激烈的国际市场竞争，我国旅游中等教育如何找到适合国情的人才培养模式，从而为我国旅游业在竞争中立于不败之地提供强大的人才后盾，是目前旅游中等教育面临的重要问题。而优化调整作为旅游中等教育核心的课程体系，无疑是摆在我们面前的首要任务。

2. 课程体系的构建不合理

我国旅游院校课程设置的思路包括中等教育的使命，以及旅游业发展对人才的素质要求，反映出旅游中等教育的双重使命，即同时担当传统中等教育背负的培养国家需要的合格人才，以及专门为我国旅游业发展输送人才，两个使命在一定程度上有交叉，但不重叠。在这一思路下设置课程、培养人才，仍然存在人才供需错位问题，因此，我们应该反思课程设置的思路。

课程设置的出发点，不论是作为中等教育的一个组成部分，还是为旅游业发展输送人才，都以培养合格的专门人才为目标，课程设置是为实现人才培养服务的，这一点已普遍达成共识。问题是，在现有的研究资料中我们能够发现，人才培养目标的确定与调整，在涉及旅游教育人才培养目标的问题上，旅游院校普遍认为是为我国旅游业发展培养高素质的管理人才，虽然也有学者提出旅游中等教育的培养目标不适合定位于培养"高级管理人才"，而应定位于培养有潜力的应用型人才，但这样的观点也是考虑到，作为旅游行业的高级管理人员必须掌握旅游管理的基本操作技能。因此，即使是本科毕业生进入旅游企业，也必须要从基层做起。但通过调查全国大部分院校旅游管理专业的教学计划，我们发现，人才培养目标模糊化的事实普遍存在，大多数旅游院校基本没有结合本校和本地区的实际，而是单纯采用教育部颁布的中等教育发展方针，这使人才培养目标的抽象化与模糊化延续到课程体系中，使课程设置没有体现出当地教育资源的优势，更谈不上人才培养的素质优势，从而导致出现了这样一种现象,即各地区旅游课程设置雷同,同一地区不同院校也都没有体现出各自的特色与优势。

一直以来,中职层次培养目标都被确定为"培养高级专门人才",旅游管理专业中职层次的目标也确定为培养"从事旅游管理工作的高级专门人才"。这样的定位跨度过大,范围过宽。因为,某一领域的高级专门人才也分不同层次,有具体的分工,即使是为了培养高级专门人才,目前的任务也应分解到中等教育的各个阶段。因此,中职阶段的培养目标就应该是培养掌握本专业基础知识、实践能力强的应用型人才。不管什么层次的人才培养都把目标定位于高级管理人才,而且对"管理人才"的概念存在误解,好像"管理者"应该是一名指挥者,而非实践者,这样对学生的学习和就业都造成了误导,严重影响了学生的社会实践与实习,使学生在实习和实践中不注重能力的训练与培养,一味要求从事高级管理职位的工作而不注意基础的训练。然而,往往在旅游行业的基层中锻炼出的业务能力,才是胜任高层管理工作的基础。当下各院校的课程选择比较盲目混乱,在这样定位不够准确、层次不尽分明的情况下,学生经过中职阶段的学习,在择业时往往容易出现"高不成低不就"的现象。

第二节　旅游专业应用型人才培养课程体系的构建

一、构建依据

(一)旅游业对专业人才发展的需要

随着旅游业的快速发展,行业对人才的需求也随之转变,传统的人才培养模式已无法适应行业的发展要求,具有较高综合职业素质的应用型旅游专业人才已成为行业发展日益迫切需求的人力资源。人才培养目标的确立要以行业需求为导向,旅游管理专业应用型人才培养模式的构建应符合行业发展的人才培养需求,而课程体系的建设是人才培养模式构建的核心环节,是实现人才培养目标的关键内容,是培养行业需求人力资源的重要部分。因而,课程体系的建设同样需要了解市场内在需求,并注重培养学生的综合实践能力,提高旅游专业学生的职业综合素质,从而培养适应旅游业发展的应用型旅游专业人才。

(二)旅游教育发展的内在要求

旅游专业相对于其他专业,具有起步晚、发展快的特点,其学科基础相对薄弱。旅游中等教育体系有待进一步完善,课程体系建设作为旅游中等教育体系的重要内容,同时也是决定人才培养质量的重要内容,而进一步完善和构建旅游专业课程体系是完善旅游中等教育体系的内在要求和重要组成部分。因而,随着旅游中等教育的不断发展,建设适合行业发展需要的课程体系是提高旅游管理专业人才培养质量的重要途径。构建旅游专业应用型人才培养模式既符合行业的发展需要,又符合旅游中等教育发展的内在需求。

(三)学生职业发展的客观要求

人才培养不能一蹴而就,而要贯穿人一生发展的全过程。旅游中等教育既要关注学生知识与能力的发展,同时也应该注重学生的终身发展。教育的实质在于育人的全过程,知识和技能的传授是教育的实现载体,而潜在教育理念和人才综合素质的培养是贯穿学生未来职业发展重要的内在要求。旅游管理专业应用型人才培养模式的主要出发点在于培养学生的综合职业能力,提高学生的职业综合素养,关注学生的长远发展,因而,构建应用型旅游专业人才培养模式课程体系是实现这一人才培养目标的重要载体,应用型旅游专业课程体系的构建实质上是实现学生职业长远发展的客观要求。旅游管理专业应用型人才培养模式课程体系的构建要充分考虑学生的职业发展要求,重视提高学生职业综合素质、关注培养学生综合职业能力发展。

二、构建原则

课程体系建设是一项系统性工程,旅游专业应用型人才培养模式课程体系的构建,既要综合考虑影响因素的作用,同时也要考虑课程本身具有的复杂性与特殊性,遵循科学的原则,确保课程体系的构建合理性与科学性以及整体功能的发挥。

(一)系统性原则

课程建设与改革是一项系统性工程,注重课程建设的完整性和系统性,强调从整体上把握课程内容设置,真正实现课程体系系统性建设。旅游专业应用型人才培养课程体系的构建,既要充分考虑课程体系中具体某一课程内容设置的必要性和合理性,同时还需要处理好不同课程内容之间的关系及课程系统与学校内部人才培养的总方向和社会需求大系统的关系。旅游专业应用型人才培养课程体系的建设既要保证学生能够掌握专业发展需要的基础专业理论知识以及专业实践技能,又要注重旅游中等教育的整体性、系统性、长效性的发展机制,加强课程体系间的内在协同性和科学性,完善旅游中等教育课程体系自身的系统性及相互间的关联性,提高旅游专业应用型人才培养课程体系建设的整体效益。旅游专业应用型人才培养课程体系的构建过程在贯彻系统性原则时应把握好三个层次的协调性,一是注重课程本身内部各章节内容间的协调,在课程内容的具体选择上要坚持系统性;二是注重课程与课程间的协调,包括合理选择课程设置的顺序、学时分配以及课程内容,避免课程内容的重复性和无序性;三是注重课程体系综合功能的协调,充分考虑课程体系中课程内容对知识的综合把握和职业实践综合能力培养的长远协同发展。因此,旅游专业应用型人才培养课程体系要坚持系统性的构建原则,从而保证该课程体系内部的协同性,这有助于发挥课程体系的整体效益,实现人才培养的总体目标。

（二）个性化原则

课程体系的个性化主要体现在三个方面，一是突出学校办学特色，树立个性化的人才培养理念。随着我国旅游中等教育的快速发展，开设旅游管理专业的中职旅游院校越来越多，各院校的人才培养应该在符合行业发展需要的同时，关注自身软文化的建设，突出办学特色。中职院校旅游专业的发展要充分结合自身的文化特点以及地区行业的发展要求，坚持"以人为本"的办学理念，确定个性化的人才培养目标，制订个性化的人才培养课程体系。二是强化专业发展优势，形成个性化人才培养模式。旅游业的发展对人才的需求是发展的，旅游中等教育作为旅游管理专业人才的"加工厂"，如何培养更受企业欢迎和行业发展需要的人才，是需要思考的问题，同时，建立与行业发展相适应的个性化人才培养模式是提高人才培养质量、提高专业竞争力的重要途径。三是关注学生个性的培养。随着中等教育大众化，旅游中等教育也快速发展并为行业输送了大批专业人才。提高旅游管理专业人才的培养质量，适应行业的发展需要，不断优化人才培养结构，需要关注学生个性化的发展，从而实现中等教育结构的整体优化。人才的培养不能是千篇一律的，要充分考虑学生主体的个性化发展需要，结合学生自身的实际情况，因材施教。在此基础上实现应用型专业化教育，提高了旅游人才的培养质量，增强了学生的社会竞争力，为旅游业的发展提供源源不断、丰富多样的应用型个性化人力资源。因此，旅游专业应用型人才培养课程体系的构建不是完全一致的，需要充分考虑个性化的发展因素，形成符合各大旅游院校自身发展的人才培养模式，构建各具特色的课程体系。

（三）适时性原则

旅游中等教育的课程体系建设不是固定不变的，而是需要随着行业发展适时调整的。课程体系的构建是为人才培养模式服务的，其最终的目的在于人才满足行业发展的需求，实现人才的高质量培养要求,这就要求旅游中等教育人才培养模式要与时俱进。课程体系的建设作为实现人才培养目标的重要途径,要充分考虑适时性的问题,特别是在课程内容的设置与选择上,要及时更新课程知识和内容,紧密与行业接轨,加强行业的人才需求预测力,关注行业发展趋势。同时在更广泛的角度上,优化课程体系建设,紧跟时代发展,加强网络建设,建立滚动机制的旅游专业应用型人才培养的课程体系。构建适时性课程体系有利于提高旅游管理专业人才的综合实践能力,加强学生理论学习与专业实践的有机联系,拓展学生的思维,提高学生的自主创新能力和行业适应能力。

三、构建过程

旅游专业应用型人才培养模式的课程体系主要以行业发展对人才的内在需求为导向,以培养具有较高职业综合素质的应用型人才为目标,即 SS′ 贯穿人才培养模式的全过程,同时在课程目标 A、课程结构 B、课程内容 C、课程实施 D 以及课程评价 E 等方面建立多维度立体化课程体系(见图 4-1)。

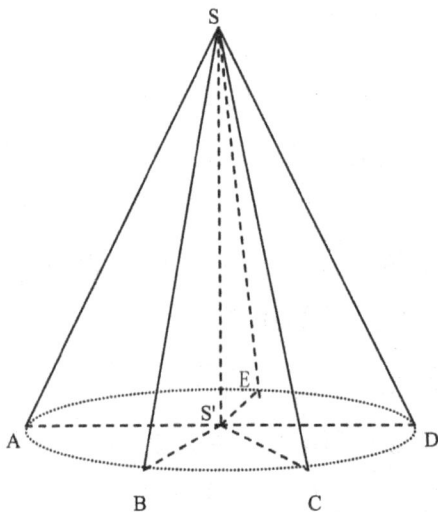

图 4-1　旅游专业应用型人才培养模式课程体系结构

（一）课程目标

课程目标是旅游专业应用型人才培养模式课程体系构建的基本要素,是课程体系建设的首要内容。课程目标与课程体系的其他构建要素,如课程内容、课程结构、课程实施以及课程评价有着密不可分的联系和影响。课程目标是人才培养模式的基本目标和方向,其相对培养目标而言,更加具体而明确。旅游专业应用型人才培养模式课程体系中的课程目标首先要与培养目标相符合,要与旅游业发展对人才的需求相接轨。

课程目标有广义与狭义之分。广义上的课程目标体现了教育与社会的关系,即教育意图,包含了"教育方针""教育目的""培养目标""教学目标"等,呈现视角大、涵盖范围广的特点;而狭义的课程目标主要包含"教育目的""培养目标""教学目标",更为具体化。通常意义上,旅游专业应用型人才培养的课程目标是就其狭义而言的。旅游专业应用型人才培养模式的课程目标主要体现在两个方面:一方面,课程目标即培养目标,以培养旅游管理专业应用型人才为根本目标;另一方面,课程目标即教学目标,又称"三维课程目标",强调学生在课程学习过程中对某门课程需要掌握的三维目标内容,主要包括知识与技能(一维)、过程与方法(二维)、情感和态度及价值观(三维)。旅游专业应用型人才培养模式课程体系的课程目标注重培养主动学习能力、创新精神、分析与解决问题能力以及应变能力等,重在实现学生综合职业能力的提升与发展。

（二）课程结构

课程结构是课程目标转化为教育成果的纽带,设置合理的课程结构是课程实施活动顺利开展的依据。课程结构是课程各部分的配合和组织,它是课程体系的骨架,主要规定了组成课程体系的学科门类,以及各学科内容的比例关系,必修课与选修课、分科课程与综合课程的搭配等,并能体现出一定的课程理念和课程设置的价值取向。

结合目前我国主要旅游院校旅游管理专业课程结构的内容,旅游管理专业应用型人才培养模式的课程结构可主要概括为两种形式(见图 4-2 和图 4-3)。

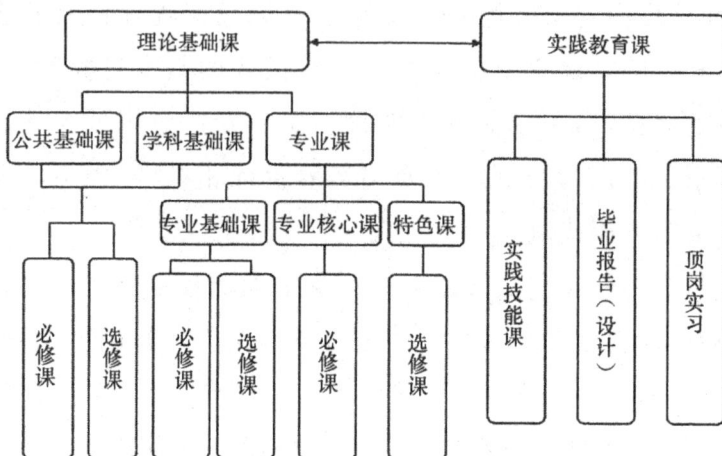

图 4-2　旅游专业应用型人才培养模式课程结构一

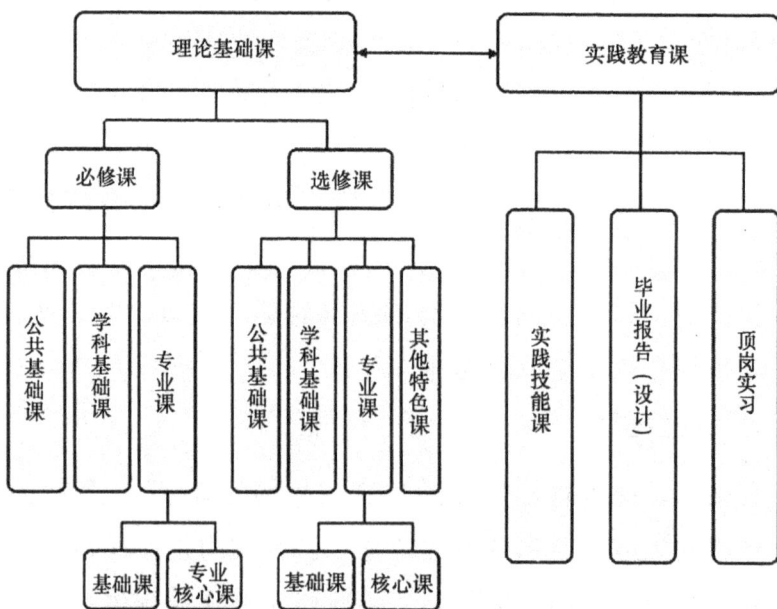

图 4-3　旅游专业应用型人才培养模式课程结构二

可见,旅游专业应用型人才培养模式的课程主要包括理论基础课和实践教育课两大方面。理论基础课可以通过两种不同形式构架,一种如图 4-2 所示,理论基础课可分为公共基础课、学科基础课和专业课。公共基础课和学科基础课既包含必修课部分,也包含选修课部分。专业课包括专业基础课。专业核心课以及特色课程,其中专业基础课包括必修课程和选修课程。专业核心课主要为必修课程,特色课程主要为选修课程;另一种如图 4-3 所示,理论基础课可分为必修课和选修课,必修课包括公共基础课、学科基础课和专业课,专业课包括专业基础课和专业核心课。选修课主要包括公共基础课、学科基础课、专业课以及其他特色课等。实践教育课包括实践技能课、毕业报告(设计)以及顶岗实习等。课程的形态结构是课程结构的骨架。两种不同形式的课程骨架的实质反映一种被我国目前旅游中等教育相对普遍采用的课程结构形式。此外,通常情况下,不同的旅游院校在课程结构的具体设计上是不完全相同的。随着我国旅游中等教育的不断发展,旅游专业呈现出特色化发展趋势。

旅游专业应用型人才培养模式的课程体系强调课程结构的科学性和创新性,其构建是按照由简单到复杂、由具体性知识到综合知识的逻辑顺序逐渐展开的。第一,在理论课和实践课的分配比例上,应结合行业发展需要和人才培养目标要求,适当提高实践课程比例,与此同时,要关注必修课与选修课、通识课和专业课合理的比例设置。第二,建立灵活的课程结构机制,在选修课的内容和方法选择方面应更为侧重学生综合能力的培养。第三,建立完善的课程结构梯度。第一学年开设通识课和专业基础课,可以让学生对旅游专业有基本的了解;第二学年重点开设专业核心课程,着重培养学生的实践操作技能,同时配合灵活的选课机制,增设创新特色课程;第三学年第一学期,学生开始专业顶岗实习,为期不少于半年,学生通过到酒店、旅行社和旅游景区等旅游相关企事业单位顶岗实习,获得相应的服务技能培训和实际操作的机会,从而实践和再理解所学专业知识;学生通过专业实习了解专业发展的现状,从不同角度设计毕业论文,完成理论学习和实践的有机结合。科学、创新而灵活的课程结构既能体现一个由简到繁、由单一到多元的学习过程,也能体现学生学习—实践—再学习的反思性过程。学生在科学合理的课程结构下学习三年,不仅能提高自身的专业知识水平和专业实践能力,也能完善自我的专业综合素质,从而实现旅游专业应用型人才培养的目标。

(三)课程内容

课程内容是课程结构的具体表现形式,是实现旅游专业应用型人才培养目标的重要载体。随着当今旅游教育不断发展,旅游专业知识的外延不断扩大,内涵不断深入,这就要求应用型人才培养模式在课程内容上呈现多层次、复合性的特点。应用型旅游人才培养模式课程体系中的课程内容,应着重培养学生的实践能力以及综合职业能力和创新精神,使学生能通过系统的理论知识和实践技能的学习建立完善的知识与技能架构,由此实现综合素质和能力的拓展。在应用型旅游专业人才培养模式课程内容的选择上应紧密地与相关学科知识相结合,与旅游业发展的现状和未来发展趋势相对接。

应用型旅游专业人才培养模式课程体系中的课程内容主要包括理论基础课程模块和实践课程模块。理论基础课程模块主要包括公共基础课程、学科基础课程以及专业课程三个方面;实践课程模块主要包括实践技能课程、毕业实习报告以及顶岗实习三个方面。

1.理论基础课程模块

(1)公共基础课程

公共基础课是学生掌握通识知识的基础内容,是深化学生素质教育的课程内容,是培养旅游专业应用型人才综合素质的基础课程。公共基础课程模块一般贯穿中等教育的学习全程,其目的主要是使学生掌握中等教育所需的基础理论知识和内容。通过该部分课程内容的学习,学生能够掌握主要的学习必备能力和知识基础,建立良好的综合知识储备和文化底蕴。

（2）学科基础课程

学科基础课是学生宏观掌握和了解旅游管理专业理论的基本课程内容。学科基础课主要有管理学、经济学、市场营销、管理信息系统、财务管理等。学科基础课程一般开设在一、二年级,学生通过该部分课程内容的学习,可在总体上奠定自己的基础知识结构,拓展专业理论知识广度,提高专业综合知识储备,提升专业综合知识素质。

（3）专业课程

专业课程模块是旅游专业应用型人才培养模式课程内容的重要组成部分。专业课包括专业基础课、专业核心课以及特色拓展性课程。

设置专业基础课的目的主要是使学生掌握专业学习的理论知识内容,为旅游专业方向课程奠定专业理论基础的课程内容,如旅游学概论、旅游经济学、饭店管理原理、旅游资源与开发等。

专业核心课程是培养旅游管理专业应用型人才的课程最重要的组成部分。学生在该模块中学习具体旅游管理专业方向的课程内容,从而掌握旅游管理专业学生需要具备的知识、能力和素质,是旅游管理专业学生提升综合职业能力的关键环节。

专业核心课主要根据酒店管理、旅游管理、景区管理以及旅游英语四大专业方向确定具体的课程内容(见表4-1)。

表 4-1　旅游管理专业应用型人才培养模式的课程内容

类型				课程名称
理论基础模块课	公共基础课			马克思主义基本原理、中国近现代史纲要、习近平新时代中国特色社会主义思想教育读本、思想道德修养与法律基础、英语、体育课、计算机应用等
	学科基础课			管理学、经济学、统计学、会计学、旅游企业财务管理、旅游管理信息系统、市场营销学等
	专业课模块	专业基础课		旅游学概论、旅游经济学、饭店管理原理、旅游资源与开发等
		专业核心课	酒店管理	客房管理、前厅操作、酒店业内部设计、餐饮管理、食品营养与卫生学、酒店业信息管理、酒店业法规、专业实习等
			旅行社	旅游企业战略管理、导游学、旅游企业文化概论、旅行社产品与市场开发、旅游企业管理会计、旅游企业法规、实习等
			旅游景区	旅游规划学、旅游地理学、旅游与环境保护、旅游风景区管理、遗产保护与开发、旅游开发信息系统等
			旅游英语	旅游英语、英语导游词等
		特色拓展课程模块	人文科学	应用文写作、中国古代旅游文化、旅游礼仪、社会与文化等
			社会科学	公共关系学、社会调查与统计分析、政治学原理、社会学、名著赏析等
			自然科学	现代科学技术史、环境科学概论、计算机原理及应用、科学研究方法论等
			语言	日语、俄语、法语、德语等
			艺术	音乐基础与欣赏、戏剧与欣赏、电影艺术、书法、中国画欣赏等
			数学	数学思想史、数学方法论、经济与社会统计、预测与决策、数学软件应用等
			其他	思维方法、学习学、文献检索、摄影、演讲与口才、广告学等

类型		课程名称
实践课程模块	实践技能课	校内实践(实验、实训、实践)、校外实践
	毕业设计	毕业报告,即毕业论文
	顶岗实习	到所在旅游相关企事业单位顶岗实习

旅游专业应用型人才培养课程在内容方面的创新主要在于其特色拓展课程模块。该模块由与旅游业相关的课程组成,具有时代感和现实性,体现了旅游中等教育的先进性、现代性和实用性。设置该模块的目标是为培养旅游专业应用型人才,培养学生的创新能力,增强人才培养的弹性。该课程模块所占总课程的比重应该不断地增加,从而使教学单位形成自身的特色,使学生形成自身的核心竞争力,而这种竞争力使其不易被其他院校旅游专业的毕业生替代。特色拓展课程模块根据各旅游中职院校的办学特色和地域特点等方面的要求实施相应的调整和变化,其最终目标是培养与时俱进、适应行业发展需要的旅游专业应用型人才。

2. 实践课程模块

实践课程模块是培养旅游专业应用型人才的关键内容,该课程模块主要包括实践技能课程、毕业实习报告以及顶岗实习等内容。实践课程的开设通常贯穿于中职三年全过程,而学生实践课程的学习形式是多元化的。例如,实践技能课程的学习主要包括校内实践和校外实践两个方面。校内实践课程既包括在专业核心课程中的一些具体专业操作课程,还包括学生不定期的校内实训和实践方面的专业课程训练。校外实践主要是指学生在学期间,通过不定期的短期学习形式到相关企事业单位实践学习等。通过校内实践和校外实践学习的结合,深化了学生专业技能知识的掌握,同时培养了学生良好的实践能力和职业素质,为顶岗实习奠定了基础。此外,旅游专业应用型人才培养模式的实践课程环节还包括毕业设计以及顶岗实习,学生根据自己的学习方向到相应的实习单位开展为期不少于六个月的顶岗实习,以进一步提升旅游专业综合职业能力,为就业后更好地融入社会和搭建良好的职业发展平台奠定基础。

(四)课程实施

1.转变传统教学方法,突出学生的主体地位

旅游专业应用型人才培养课程内容的实施要转变传统课堂灌输式的教学方法和以教师、教材为中心的旧模式,普遍采用多元化教学方式,如启发式、情境式,并采用案例教学法、项目教学法等先进教学方法和手段,让学生参与教学过程,加强师生互动,强化学生自主思维能力的培养,突出学生在教学活动过程中的主体地位,发挥教师的教学主导作用。例如,旅游专业中部分课程可以采用情境教学法,首先,使学生在脑海中建立知识情境,这有利于专业实践活动中理论与实践的有机结合;其次,学生可通过情景模拟和角色扮演掌握学习内容,促进学生之间的团队精神与协作能力;最后,在引导学生完成情景模拟的过程中,提高学生的自主学习和解决问题的能力。同传统方式相比,情景教学法具有很大的优势,有利于提高学生的学习自主性和课堂参与度,真正发挥教学活动中学生的主体地位。

2.革新教学载体,运用多元化现代教学手段

随着现代教学手段的应用,传统的以教材为主的教学载体已无法适应现代信息化社会的教学发展需要。旅游专业应用型人才培养应运用多元化的现代教学手段和教学方式,如多媒体、微课、慕课、翻转课堂等。多媒体网络化教学方式以图文并茂、声像俱佳的形式,加深了学生对专业抽象知识的理解,从而增强了课堂教学效果。目前多媒体教学基本采用三种模式:教室课内一对一模式、校内一对多模式、异地实时交互式教学模式。教师可自己动手利用 PPT 制作课件、制作网络软件(如酒店预订系统软件、旅行社管理系统软件、旅游线路设计软件等)。利用多媒体、网络化教学以及现代教学新手段使教学内容直观、易懂,激发学生的自主学习兴趣。另外,通过运用现代

化的教学手段,学生也可自己动手制作幻灯片、软件,充分发挥想象力、创造力,从而培养自主学习和创新能力,提高学生的综合职业素质。

3. 引导学生自主学习,树立终身学习理念

旅游专业应用型人才培养的教学理念重在引导学生自主学习,培养学生树立终身学习的理念。在现代信息化社会,科技和知识日新月异,其发展和更新速度呈指数增长,这就要求每个社会个体都要具有终身学习的自主意识,唯有如此才能更好地实现自我价值和个体的长远发展。因而,旅游专业应用型人才的培养只有树立终身学习的理念,才能及时掌握本学科的最新技术、理论和方法,才能保证跟上时代发展的步伐,适应社会发展的需要。随着旅游业的快速发展,旅游学科正以前所未有的速度发展与更新,新理论、新技术、新方法不断涌现,学生在学校学习知识的速度往往赶不上知识更新的速度,所以旅游中职院校一定要重视和加强旅游专业学生自主学习能力的培养,使学生树立终身学习的理念,并进一步完善旅游教育体系,建立可持续发展的旅游人才培养过程,提高学生职业发展的能力。

(五)课程评价

课程评价是旅游专业应用型人才培养模式课程体系构建的最后环节,也是该课程体系的重要组成部分。不同的评价主体需要建立完善的评价机制与考核机制,完善的课程评价机制有利于教师不断改进课程实施过程中存在的问题,不断提高教学质量,也有利于教师了解专业学习过程中存在的不足,提高学生的学习效果,同时也有利于不断完善旅游专业应用型人才培养的课程体系建设。因此,建立完善的课程评价机制,构建一个科学、合理、有效的新型考评机制具有重要的实践意义。

1. 评价主体

课程评价的主体主要包括教师和学生。传统的课程评价对象主

要是学生,通过不同学习阶段测验学生的学习情况,完成课程评价内容。而旅游专业应用型人才培养模式的课程评价主体是多元的,既要考评学生的学习情况,又要考核教师的课程实施情况。因此,课程评价需要建立教师和学生双轨道评价机制,不断完善旅游专业应用型人才培养模式的课程体系建设。

2. 评价方式

旅游专业应用型人才培养课程评价方式是多元化的。在学生评价方式方面,传统的闭卷考试检查的是学生对知识的记忆和相对理解能力,并不能体现学生对知识的真实的理解程度和技能。旅游专业具有操作性强、实践性强的特点,这就要求旅游专业的考试要找到一条与传统考试方式不同的新路。一些重实践且要求培养学生综合能力的课程可以采用过程考核的方式,即在模拟的环境下开展综合实践活动,教师考核学生运用理论知识分析、解决实际问题的能力,这是一种避免培养高分低能学生的有效手段。在教师评价方式方面,可以建立灵活多维的评价方法。首先,旅游院校可以成立督导小组,采取听课考评机制,考核教师课程的实施效果;其次,学生在学习过程中可以反馈学习效果,并给予教师的教学方法评价等。双轨制评价机制的建立,有助于保证旅游专业应用型人才培养模式的课程实施的质量和效果。

3. 评价标准

旅游专业应用型人才培养的课程评价需要建立科学合理的评价标准,既要建立对学生的学习效果的评价指标,又要形成对教学效果的科学评定内容。因此,科学合理的评价标准是保障课程评价有效性的关键内容,如对课堂教学评价指标应包含教师的教和学生的学两大模块。教师的教的评价指标包括教师的教学理念、教学素养、教学思路、教学方法、教学内容、教学能力等方面;学生的学的评价指标主要包括学习状态、学习参与度、学习的合作性、学习的自主性、学习效果等方面。在确定各部分基本的评价指标的基础上,还要根据课程内容的特点制订合理的评价权重,从而完成评价标准的基本建立。在评价的实施过程中,要进一步分析和调研,确保评价的有效性和准确性,一旦发现问题,就要及时调整,由此建立科学规范的课程评价机制,从而保证旅游专业应用型人才培养的教学效果和人才培养质量。

第三节　旅游专业应用型人才培养课程体系的实施策略

旅游专业应用型人才培养课程体系的建设是旅游中等教育的重点,其核心是实现旅游专业应用型人才的培养。课程体系的建设要以科学观念为指导,以行业和社会需求为导向,以教学条件为基础,并根据人才培养模式的总体设计,明确人才培养的总体目标,协调课程结构的具体课程内容,转变传统的课程实施方式,构建科学的课程评价机制,形成旅游专业应用型人才培养基本的课程体系内容。为了进一步保障其有效实施,现提出五条具体保障性实施策略。

一、确立科学的旅游专业应用型人才培养目标

人才培养目标的内容对课程目标的确立有着直接的影响和导向作用。因而,旅游专业应用型人才培养目标的确立是课程体系实施的基础和前提条件。旅游中等教育应立足于行业和社会需求与学校办学实际,紧跟行业发展潮流与方向,确立科学的人才培养目标。现代社会知识总量的不断扩大以及知识增长速度的不断提升,使社会已成为学习化社会。旅游中等教育的人才培养目标应体现科学的育人过程,体现为社会培养具有终身学习理念的应用型人才,培养学习主体拥有良好的终身学习的态度和习惯,掌握各种学习方法和策略以及利用各种旅游教育资源的能力。旅游专业应用型人才培养课程

体系不仅要考虑什么知识最有价值,更要探讨什么学习经验最有价值,从而为培养学生职业综合能力创造条件。因此,培养具有终身学习理念以及具有较高职业综合素质的旅游专业应用型人才是旅游专业应用型人才培养课程体系实施的根本条件。

课程目标是人才培养目标的具体体现,是课程体系的核心内容,引导着课程体系的实施过程。旅游教育人才培养的课程目标要与人才培养目标相匹配。一方面,在课程内容的选择上要充分考虑我国旅游业区域性发展和行业需求,正确处理传统与现代、国际化与本土化的关系,从而实现课程体系的灵活性、多样性与选择性,另一方面,还要在继承与改造、创新中推进课程目标的不断完善,促进学生个性发展与职业综合素质的提高。课程目标也是课程内容选择与确定的依据,由于旅游专业应用型人才培养的课程体系以培养具有较高职业综合能力的终身学习型专业人才为目标。课程目标作为人才培养目标的具体体现形式,也要遵循这一内在育人要求,在课程目标的选择和确定上更加突出旅游专业应用型人才培养的主要目标,更加关注学生职业综合素质的提升和终身学习理念的形成。

二、注重旅游专业应用型人才培养课程体系的内部要素联系

旅游专业应用型人才培养的课程体系主要包括课程目标、课程结构、课程内容、课程实施以及课程评价等要素。需要注意的是,旅游专业应用型人才培养的课程体系的构成要素不是彼此孤立存在,而是相互紧密联系的。课程目标作为课程体系的核心内容,贯穿于课程体系实施的全过程,指导着课程结构的确立,决定了课程内容的选择,是课程实施和课程评价的根本要求。课程结构是旅游专业应用型人才培养课程体系的主要构架,是课程内容得以有效确立和完善的基础内容,合理的课程构架有利于课程内容的科学选择,有助于保障课程实施的有效性,是形成良好课程评价的基础条件。课程评

价是检验课程实施效果的关键环节,也是进一步完善旅游专业应用型人才培养课程体系的重要内容。因此,课程体系的实施过程中需要注重旅游专业应用型人才培养课程体系各要素间的内部联系,唯有如此才能发挥课程体系的整体效应,更好地实现旅游管理专业应用型人才的培养目标。

三、丰富课程体系设计主体

旅游专业应用型人才培养的课程体系建设需要多元的课程体系设计主体。由于旅游专业具有应用性和实践性较强的学科特点,为培养适应行业发展需要的专业化应用型人才,旅游专业应用型人才培养的课程体系建设要突破原有传统的课程设计理念,打破原有旅游院校或是专业教师封闭式的框架,让职业教育课程专家、行业专家、学校决策人员、教师都有效地参与到课程开发、课程结构调整、课程内容选择、课程实施中,并明确权利义务,使他们发挥自身应有的责任和优势,从而确保课程体系建设的质量。因此,课程体系设计主体多元化发展是实现课程体系优化建设的重要途径。

旅游中等教育决策人员主要是旅游专业应用型人才培养课程体系建设的倡导者和领导者,他们要组织课程开发专家、行业专家、教师等讨论并制订出具体的课程体系设计方案,组织旅游专业的专业教师开展市场调研,负责监督课程开发的进程和质量,积极促进能力本位课程实施并做好相应的保障措施;旅游行业专家具有渊博的背景知识,非常熟悉旅游业务操作技能,且深知游客需要的旅游专业人才的知识、技能和态度,主要负责旅游专业人才职业能力的专项分析;职业教育课程专家具有丰富的职业技术教育的理论知识,拥有亲自参与、指导中职院校旅游专业课程开发的实践经验,能指导和把握旅游专业方向课程体系设计的进度和方向,因而负责将专项能力整合为具体的课程;旅游专业教师作为课程的执行者,主要负责将旅游行业工作任务转化为现实的课程要素和适合的教学任务,是真正要落实课程体系设计成果的人。教师除了要系统地学习职业教育课程、职业教育心理学、课程体系的相关知识和技术,还要重点学习解读、应用新开发出的旅游专业课程标准,学习如何将旅游专业应用型人才的培养目标真正落实到现实的教学和实践上。另外,教师也要到企业实习,从事不同的旅游实践工作,体验在实际工作中怎么样操作才符合企业用人的要求,从而更好地完成专业教学活动。

四、密切关注行业导向和社会需求的发展趋势

旅游专业应用型人才培养课程体系的突出特点是其与行业发展需求无缝对接的培养目标和实践宗旨。密切关注行业发展和社会需求是旅游管理专业应用型课程体系的建设与实施的重要环节和指导性内容。中职旅游教育应用型课程体系的建设是一项极为复杂的系统工程,它是旅游业发展过程的一个缩影。课程体系的建设应注意符合时代精神和适应社会发展需要,关注且反映一定社会经济科技文化发展变化与需求,关心学生毕业离校时行业的人才需求情况,使学生学会适应社会的各种情境,有选择性地设置能促进学生全面和谐发展与个性发展的课程。社会科技文化的发展为旅游专业提供了丰富的课程内容资源,知识的分化和学科专业门类的增多,给旅游中等教育课程的选择提供了多种可能性,而旅游专业应用型人才培养的课程设置,必然要根据课程价值观念确定"什么课程最有价值",从而做出科学的课程选择。旅游专业应用型人才培养的课程体系的构建既要考虑未来所需人才应形成的合理知识结构的需要,也需依据旅游业与社会发展的需要,以及当前课程设置中所存在的弊端有的放矢地进行。旅游专业课程体系的构建作为一种求生存、求发展的教育实践活动,需要反思、批判课程体系建设的内在教育价值取向,从而确立正确的发展方向。在制订课程体系构建的决策时,应洞悉旅游专业课程体系建设的真正动因,摆脱就课程论课程的观点,并通过揭示教学现象与复杂的社会现实之间的互动关系及课程建设的实

际运行和存在方式,指导旅游专业应用型人才培养的课程体系建设的实践。

五、采取科学教育理念指导课程体系建设

旅游专业应用型人才培养的课程体系建设需要以科学的教育理念和科学的教学理论为指导,才能确保课程体系的有效实施。科学理念和教学理论的注入与运用程度决定着课程体系建设的正确程度,指导旅游专业应用型人才课程体系构建的理论越科学,实践检验越确切,课程体系的构建就越具有生命力,越具有可持续性。随着旅游业的迅猛发展,旅游专业应用型人才培养的课程建设面临的问题也越多,课程体系的构建难度也越来越大。在这样的情况下,课程体系建设就愈加需要科学教育理念的指导和科学理论的支持。透过课程理论流派的历史发展,可以很清晰地发现,全部课程理论均是在知识本位、学生本位和社会本位三种理论间摇摆或具体化。旅游专业应用型人才培养的课程体系建设牵涉到各种价值取向,如果说课程是旅游教育的核心,那么价值取向就是旅游专业课程建设的关键。要实现课程体系的科学构建,旅游教育课程体系设计与建设者必须与时俱进,树立正确的课程观、教育发展观与人才观,在设计课程时应兼顾旅游专业学生的需要、社会与知识体系发展的需要,科学开展课程设计实践。关于课程未来的变革,国外有不少学者提出了一些远景规划,勾画了课程"应该是什么样子"。美国最大的课程专家专业协会——教学视导和课程研究协会研究和理论组研究了指导未来课程编制实施后学生的学习效果,并提出了一组要求所有学生都应掌握的基本技能:自我概念化、理解别人、学习技能、不断学习的能力、责任心、身体和心理健康、创造性地参与经济领域活动的、积累与运用、应对变革能力等,上述技能同样适用于旅游专业应用型人才培养的发展需要,适用于旅游专业应用型人才的培养目标。旅游专业课程体系的构建必须服从与服务于学生基本知识、基本技能与综合

素质的培养。旅游中等教育在课程体系构建过程中既要关注课程理论的发展,也应建立自己专门的课程研究队伍,加强课程理论与课程实践的联系,加强对本校课程建设状况及影响因子的研究,选择适合学校实际的课程理论,积极开发有特色的校本课程,从而使课程理论具体化。

第五章
新时代智慧旅游应用型人才培养的实践教学体系

　　旅游专业具有很强的应用性和实践性。实践教学是教学体系的重要组成部分，它与理论教学具有同等重要的地位，是实现人才培养目标的重要环节，是通过实验、实习、专业实践等一系列由教学主体主动参与，为传承知识、发展能力、探索创新而开展的实践活动。实践教学既是培养学生应用能力、创新能力的"切入点"，更是使大学生逐渐转化为社会人，提高大学生综合素质，培养其职业胜任能力和职业发展能力，促进学生个体全面发展过程中不可缺少的环节。实践教学可以为学生专业学习、行业进入、职位提升打下坚实的基础。实践教学体系创新是实践教学改革的重要内容。《国务院办公厅关于开展教育体制改革试点的通知》中关于改革人才培养模式，提高中等教育人才培养质量试点项目的部分提出"建立开放式、立体化的实践教学体系，加强创新创业教育"。目前我国中等教育与产业发展需求严重错位，尤其是中职学生的学历与能力不相匹配，管理者认为其实践能力较差，不能胜任行业的基层管理工作和高技能服务工作，而中职生又不愿意从事基层服务工作，因而出现"高不成低不就"的现象，而这种现象产生的一个重要原因是现行实践教学体系滞后于产业发展需求。构建出旅游专业开放式立体化实践教学体系，使之与应用型人才培养模式改革相适应，可促进培养与提高学生的就业能力和创新创业能力，进而提高旅游专业中职人才的培养质量。

第一节 我国旅游专业实践教学的现状及问题

一、相关概念界定

(一)高位就业

高位就业也称高起点就业,是指中职学生毕业时达到企业基层服务岗位或基层管理岗位的理论、技术要求,经过较短时间的培训,直接在较高级别的服务岗位或基层管理岗位就职的就业类型。

我国旅游中等教育中,中职层次的毕业生在旅游行业新入职时存在较为严重的"高不成低不就"的尴尬情况。因为旅游行业具有明显的服务性特征,各个部门的员工(包括管理人员)都要有一定时期的基层服务经历和经验,而大部分中职毕业生并不希望从事基层服务工作,而是希望从事管理工作,这就造成了人才供需的错位。旅游中等教育作为人才培养的基地,需要搭建人才供需的桥梁,有效解决供需错位问题。在校期间,学校应培养学生从事较高级别的服务岗位或者基层管理岗位所需的素质、知识和技能,使学生毕业时能实现高起点就业,有效解决"高不成低不就"问题。

(二)实践教学体系

实践教学体系的概念有广义和狭义之分。广义的实践教学体系是指由实践教学活动的各要素体系构成的有机整体,包括实践教学活动的目标体系、内容体系、管理体系、保障体系以及评估体系。狭义的实践教学体系是指实践教学活动的内容体系。

旅游专业开放式立体化的实践教学体系是以培养旅游专业应用型人才为目标,以培养方式、时间分布、实践教学内容、实践教学管理、设备设施条件、评估评价等为多维结构,多层次、多维度、全方位的实践教学体系,有助于促进校企双方的协同合作,提高学生的职业综合能力,推动实现旅游管理专业人才的"高位就业"目标。

二、我国中职旅游教育实践教学的现状分析

近几年,我国一些中职院校开始重视实践教学,并通过建设实验教学示范中心促进实践教学的改革和发展。目前,这项工作已经初见成效,随着许多院校越来越重视旅游专业的实践教学,实践教学虽已成为中职院校旅游专业的重要教学组成部分,同时也出现了一些共性问题,主要体现在五个方面。

(一)实践教学目标不明确

旅游专业的实践教学目标不明确是阻碍实践教学发展的根本原因。目前,各院校旅游专业的培养目标差异性不大,对实践教学的培养目标没有明确的定位。首先,很多学校对实践教学重视不够,没有认识到实践教学对培养旅游创新型人才、应用型人才的战略意义。部分旅游中职院校担心教学职业教育化,而且对偏文科性质的旅游专业实践教学,尤其是实践教学理解有偏差,认为只有实训谈不上实验,所以也忽略了实验室建设。因此,这些学校在教学中视专业理论学习为教学的核心,忽视了知识时代对旅游人才的需求,导致学生的创新能力、应用能力得不到提升。其次,学生对实践教学存在认知偏差。在旅游教学专业计划中,学校只以专业的大方向为标准来划分实践教学的内容、学时、学分,但是未制订独立的实践教学计划,也未明确细化和规定实践教学的目的、步骤以及实践的方式等。在此基础上制订的考核标准也不严格,学生们基本上是自己联系或者是由老师帮着联系实习单位,在实习结束后,学生基本都会拿到实习单位的签章,哪怕考核没过关。学校并没有设立严格的考核等级标准,所以学生在实习的过程中都比较散漫,达不到实践教学的真正目的。

(二)课程设置不合理

课程是教学的基础,旅游专业的实践教学需要设置完整的课程

体系。目前,旅游专业的课程设置存在诸多问题,尤其是在实践教学方面。首先,缺乏实践课程体系。目前,旅游专业的课程内容比较零散,内容主要建立在教师经验和理论知识基础之上,没有完整的体系。课程设置缺少与教学内容相结合的第二课堂课程,未能考虑到学生的职业发展需要,没有科学规划,不利于提升学生的创新实践能力和职业能力。其次,实践教学课程比例不合理。旅游专业的学科特点是具有交叉性和渗透性,其课程设置包括公共基础课、专业必修课和专业选修课三方面,这三方面课程在内容上虽包含一些实验课,却缺乏独立的实验课程设置和相应的实验教材。这样的实践课程设置现状,不利于学生综合能力的培养和学生未来职业的发展。最后,实践教学课程内容落后于市场需求。一方面,实践教学的内容源于教材,而教材内容落后于日益发展的旅游业和变化多端的市场需求,造成了培养的人才与企业需求错位。另一方面,从事实践教学的教师即使拥有丰富理论知识,若缺乏实践经验,不能适时跟进旅游企业需求的变化或与企业缺少信息交流,也会造成实践教学的内容落后于时代的发展。

(三)"双师型"师资缺乏

由于旅游业的应用性特征比较突出,所以与其对应的旅游教育也就不可避免地注重实践教学的特色。一方面,教师应该具有系统的理论知识和扎实的科研功底;另一方面,教师也应该具有旅游行业社会实践的经验,掌握丰富的实践技能。只有这样,教师才能真正做到理论联系实际,从而实现发挥旅游教育的真正目的,缓解"人才供需错位"的矛盾。强化实践教学需要"双师型"教师,而这正是旅游专业实践教学面临的挑战。首先,目前我国旅游院校的师资力量,一部分是从相关专业转过来的,还有一部分是刚毕业的大学生或者是研究生,还有就是来自相关旅游行业的从业人员。他们只能说是擅长理论知识或者是旅游企业实践中的某一个方面,很少能做到理论与实践的兼备。"双师型"师资少,不利于应用型人才的培养和旅游教育事业的开展。其次,旅游管理专业缺少学术带头人。在实践教学过程中,学校虽然可以聘请企业资深人士到学校授课,但由于没有足够的授课经验,故不利于将自身丰富的实践经验传授给学生。此外,这些企业人士本身的精力和时间有限,无法完全按照教学计划的教学内容和教学时间保质保量地完成授课,不利于提高实践教学的质量。

(四)校外实践教学基地建设滞后

目前,旅游中职普遍采用校企联合的模式建设校外实践教学基地。校外基地建设主要集中在三个领域:星级饭店、旅行社和旅游景区。经过多年的发展,各院校的校外旅游实践建设虽然取得了一定的成绩,但存在着一些亟须解决的问题。

1. 校企合作形式单一

在校外实践教学基地建设方面,虽然各中职院校都在积极广泛地联系旅游企业共建校外实践基地,可由于旅游企业缺乏合作的动力,导致校企合作形式单一,合作层次低,大多数合作局限于旅游企业提供实习场地,而旅游中职院校提供短期实习的学生。从旅游企业的角度考虑,旅游企业缺乏与学校共建实践教学基地和系统培养学生的内驱力,因为旅游企业参与合作建设校外实践基地的态度取决于"投入"与"产出"的比较。企业接纳学生实习需要投入培训费用和管理成本等,而学生经过短期的实习以后就会离开,并不能成为企业的资源。因此,旅游企业往往只是将实习学生作为廉价的劳动力派往最基层的服务岗位,而非管理岗位,不利于培养学生的综合实践能力。从旅游院校的角度考虑,由于学校受传统的教育管理体制的影响,办学活力不够,合作教育的开放性仍然不足。学校与旅游企业的合作内容少,且很少涉及实践教学方案的制订、实践教学内容的确定、实践教学时间的安排、实践教学模式的构建等内容。由此可见,校企之间缺乏协调沟通机制,合作关系较为肤浅,合作形式较为单一,这影响了校外实践教学基地功能的发挥。

2. 缺乏制度性管理与规划

中职旅游专业校外实践教学基地多是校企合作组织,其组织结构较为松散,在管理上存在一定的困难,且缺乏系统的科学管理制度,这导致了旅游专业校外实践教学基地的运行效率较低。

(1)管理制度不健全

目前,很多中职院校的校外实践基地管理制度不完善,且缺乏对实践基地质量考核、实践教学效果评价和实践基地日常维护制度等,尤其是缺乏对学校、企业共同承担的产学合作教育责任有约束力的制度保障,导致实践教学基地运作的无序和低效率,影响了实践效果。学校与企业分属不同的系统且缺乏定期沟通,再加上受我国目前旅游中职类院校的培养体制限制,一些实践教学基地协议在很大程度上仅是为应付评估检查而签订的,双方缺乏更深入的沟通和合作。由于学校、企业和学生等多方面原因,校外实践教学基地缺乏长期性和稳定性,利用率也不高,许多实践教学基地未能真正发挥应有的作用。

(2)重建设、轻管理

"重建设、轻管理"这个矛盾在校外实践基地建设中比较明显,历来也是基地建设中比较难解决的问题。有些院校重视实践基地的建设,最初积极利用资源和企事业单位谈判并签订合作协议,明确双方的权利和义务,企业为学生提供必要的实践条件和场所。随着时间的推移,签订协议后却缺乏必要的沟通,更谈不上有效维护和管理基地,凸显了矛盾。当学校有教学实践需求和任务的时候,双方还要经过间接渠道和实践基地沟通,而实践基地也往往不愿配合其教学任务甚至排斥合作。出现这个问题,一方面主要是因为学校还处于实践基地建设的探索阶段,缺乏相关经验,更缺乏配套环节,从而导致基地的管理缺位。另一方面则是由于学校和基地的双向互动不够,双赢效果不凸显。

3.校外实践环节教学效果难以保证

相对于校内课堂理论教学,校外实践教学的涉及面更广,实施过程更为复杂,管理的难度也更大,而目前的基地教学管理形式千篇一律,操作性差,考核方式简单,不能有效地保障校外实践教学的开展。

(1)重形式,轻模式

从校外实践基地的建设功能和利用情况看,学生的实习时间大多数安排在学生毕业前的最后一学期,这属于典型的先学理论后实践的模式。由于旅游企事业单位聘用实习生的需求和目标与旅游院校的教学目标不相同,旅游企事业在用人上往往注重企业的实际需求和短期效益,且旅游专业的实践教学是一个相对短期的教学活动。因此,企业在安排学生实践岗位时,更多时候仅从企业的用人实际出发。企业不可能抽出大量时间和精力指导学生,而且在营业期间指导学生会影响企业的原有工作流程和管理秩序。学生通常被安排在相对固定的工作岗位上,且大多从事简单重复的劳动。由于缺乏实习岗位流动性,不能满足学生全面了解企业管理流程的心理诉求,由此产生学生知识需求和企业岗位供给之间的矛盾,从而使学生对实践教学产生片面的认识,不利于整个实践教学活动的良性发展,背离了专业培养的目标。

(2)缺少校外实践教学的合理评价体系

对实践操作,学生们一般都能按照企业岗位的基本要求完成任务,但完成效果的好坏却难以衡量。学生究竟是通过自己的思考后完成了任务,还是仅仅限于对其他同学的实践结果的简单重复,校内实践指导教师难以把握,所以实践教学的成绩,大多是以企业指导教师按等级评定,缺乏详细的评价标准。

(3)缺乏针对性的人力资源管理措施

旅游专业的学生对到校外实践会抱有一定的期望,通常会希望脱离较为枯燥的课堂学习,实施较为生动有趣的实际动手的操作,所以对进入真实的工作环境实践体验有一种跃跃欲试的心态。经过了最初的兴奋期后,学生会逐渐对实习、实践的体验有所感悟,他们会发现理想和现实的差距很大,而且难以适应,这会影响后续的实习管理和实习效果。以酒店实习基地为例,上海、深圳等酒店业发达地区,酒店从业人员已经出现了严重的短缺现象,酒店除了充分利用本地的实习生资源外,还通过酒店人力资源中介公司从外省引进实习生以填补空缺的一线岗位。为了尽快让实习生上岗,酒店通常会安排一周左右的集体培训,甚至更短的时间以熟悉环境,就让学生到各自的岗位上边干边学了。酒店通常把实习生看作其他的正式员工,在培训、激励和考核等人力资源管理方面,没有考虑到实习生的特点并相应地实施针对性的管理,这会造成酒店和学生之间沟通不畅的状况。不少学生在实习结束后都产生了将来不在旅游行业就业的想法,这与学校为学生创造条件让他们进入旅游企事业单位实习的初衷是背道而驰的。

4. 校外实习基地使用和维护力度不够

旅游专业校外实践教学基地的利用和维护历来是学校实践环节中难以解决的问题。因基地在校外,甚至是省外,学校没有花时间和精力维护,从而自然失去一些建设起来的基地。校外实践教学基地是课堂的延续,而对企业而言,校外实践基地是学生的初级演练场所。这种双重属性决定了校外实践教学基地的运行必须由学校和企业共同参与、共同管理和维护,才能健康发展,实现学校、学生和企业的共赢。部分旅游院校在与企业开展实践教学时往往单纯依靠学校或某些教师的人脉,或是根据课程教学计划的安排临时寻找企业开展实践教学。由于缺乏实践教学的整体设计与规划,基地的教学管理较为混乱,且建成后疏于使用和维护。

(五)实践教学体系不健全

目前,我国多数中职院校的旅游专业还没有打破传统单一维度的实践教学模式,实践教学体系尚不完善。一方面,实践教学内容各环节互相脱节。我国旅游院校的实践教学环节主要包括校内课堂实验实训、校外实践实习等,尚未形成涵盖各实践教学活动的、内外有机结合的教学目标和教学计划,在校内主要是根据各门专业课程的需要,为每门课程分配少量学时,开展零散的实践教学活动。在校内课堂实验实训环节,各个实验实训的教学内容、教学目标之间尚未形成由浅入深、逐渐提升、环环相扣、紧密相连的科学教学体系。另一方面,缺乏有效的实践教学考评和保障机制。旅游专业实践教学体系的完善、实践教学质量的提高,需要科学的评价标准。现有旅游院校的实践教学评价标准没有科学的评价机制,实践教学活动的开展往往停留于课程实践教学任务的完成,尚未形成涵盖实践教学目标、教学过程、教学效果、持续改进等环节的完整的评价机制和反馈机制,不利于实践教学质量的提高。

第二节　国外旅游专业实践教学的成功经验及启示

目前,国内外对旅游中等教育的实践教学以及实践教学研究都处于不断地摸索和探究阶段。从整体上看,国外(尤其是发达国家)旅游专业的实践教学的培养目标、课程设置、实习基地以及师资力量等方面取得的效果相对较好。

一、国外旅游专业实践教学的成功经验

发达国家的旅游教育大多重视实践环节,对学生在校期间的实践学时和学分都有相当严格的要求。这些国家在长期的发展和实践中已经形成具有特色的实践教学模式,也取得了显著的效果和成功的经验,值得我们借鉴。

(一)实践教学培养目标明确

世界上许多中职旅游院校实践教学的培养目标十分明确,所以

在办学的过程中,通常能根据学校特色有针对性地培养某个行业所需的人才,从而较好地做到了学校与社会的"对口链接"。在办学的时候,学校注重学校与社会的双重评价,所以设定的教学目标比较宽泛。学校要求学生在具有必备的知识与技能的同时,还要有健康的职业心理和职业道德,能够在积极的教育思想引导下,适应社会环境的需要。

例如,瑞士洛桑酒店管理学校国际接待业管理专业的培养目标是"为国际接待业,尤其是世界一流的酒店、餐馆和连锁饭店培养高层管理者"。美国普度大学的酒店与旅游管理的办学宗旨是"为培养全面专业化的技术人员,为学生提供全面的技术训练,使学生将来在所选择的专业领域获得成功"。休斯敦大学则定位于"为饭店和餐饮业培养本科和研究生层次的掌舵人物"。总的来说,这些学校认为旅游院校的培养目标是为企业输送优秀人才,因而在学生的培养过程中,强调课程设置的基础性和宽口径,注重教学方向与学生未来的就业方向相结合,而且要求学生在掌握基本知识与技能的基础上,培养健康的职业心理和职业态度,以积极向上的态度和创新的意识,面对未来的职业生涯。

(二)实践教学体系完善

世界上许多旅游院校通过开放式培养提高学生的实践能力,已经形成了立体化实践教学体系和培养模式。在课程设置方面,分类较细;在课程内容方面,强调内容与工作的匹配性,注重知识的连贯性,由浅入深地安排课程。一般在学生入学后的第一到两年,学校会安排基础课程学习,在第三年安排深入学习专业课程,在强调理论课程学习的同时,培养创新型人才。国外旅游院校开设大量的选修课程。美国康奈尔大学饭店管理学院实行了必修与选修相结合的方法,给旅游专业教育开设了涉及9个专业领域的125门课程。开设的选修课程都与社会经济发展息息相关,学生能够根据自身需要选择,有助于激发学习兴趣和培养特长。在课时安排方面,国外旅游教育十分注重实践课程的比例,在教学计划中会安排一半以上的实践教学方面的课程,且实习考核要求十分严格。在每次实践之后,学校都要求学生提交论文形式的个人研究报告,目的在于提高学生综合分析和独立研究的能力。

(三)校企合作密切

国外旅游院校几乎都设有校内实习基地或实习餐厅,供师生在全真的环境下开展实践教学,并为学生提供不同岗位的轮换实习,从而全面培养学生的技能和实际管理能力。同时,国外旅游院校非常重视与企业之间的合作。一方面,旅游企业可以为学校提供市场的需求信息和带薪实习的机会,指导学生的实际操作,从而达到实践教学的目的;另一方面,学校可以根据市场需求培养人才,同时还立项研究企业经营发展中遇到的问题,帮助企业解决问题。在澳大利亚,旅游企业纷纷与学校联合,形成了一个全方位、多形式、交叉式培训网络结构。店校合一也是瑞士办校的一大特点,学院课程设置包括三期专业课程和三期带薪实习,学生在瑞士酒店或餐厅实习。校企之间的长久互动,有利于学校掌握市场动态,培养学生的实践能力,也为企业储备了大量的专业人才,达到了双赢的效果。

(四)"双师型"的师资队伍雄厚

为了培养与旅游业发展相适应的人才,国外旅游教育十分重视教师的实践能力。国外众多旅游院校的教师必须是行业背景和学历背景双优。以洛桑酒店管理学院为例,教师的职业运行模式是教室—旅游企业—教室。现有教师300位,专职教师200余位,学校聘请的教师必须要有酒店经营管理的经历,而且受聘后还要定期回归企业,不断丰富自己新的行业信息,调研企业经营中出现的新问题以不断更新教学内容,提高实践教学质量,这保证了洛桑的旅游教育一直走在世界前列。另外,很多院校也聘请部分企业的高级管理人员兼任校外教授,后者可以把行业的新动态、新问题带到课堂。同时,学校也要求教师要定期到企业学习实践,此外,还面向行业成立科研机构,将企业遇到的问题作为自己的科研课题,为企业提供咨询服务,一方面有助于解决企业遇到的问题,另一方面也为课堂增添了新的教学内容。

二、对我国旅游专业实践教学的启示

通过对国内和国外旅游管理专业实践教学的现状分析,我们可以很清楚地看出二者之间的区别。目前国内外对旅游管理专业实践教学的研究都处于不断的探索阶段,且二者在国情和教育背景上有很大的不同。西方教育历来就比较重视实践能力培养,而不太重视基础理论的教育,而我们国家正好相反,但国外旅游院校培养学生实践能力方面的经验值得我们学习和借鉴。

(一)加强对实践教学重要性的认识

虽然在旅游中等教育中,实践教学已经引起了人们的普遍关注,但在实际操作和应用过程中,大部分实践教学环节的实施只是流于表面形式,没有充分体现重要性。受传统教学模式的影响.我国旅游中等教育大多还是注重基础知识的传授和科研能力的培养,这使得学生经常会眼高手低,由此造成人才供需错位,毕业生就业困难,加重了旅游中职院校毕业学生的就业压力。因此,为了扭转这一现象,旅游院校需要提高实践教学的意识,改变传统的教学模式,开展实践教学的改革和创新,为旅游专业的教学注入新的活力和动力。只有从意识上强调和重视实践理念在教学中的应用,才能增强学生自己动手、动脑的能力,为他们创造良好的个人发展空间,更好地满足行业对人才的需求。

(二)确立以"高位就业"岗位标准为导向的培养目标

旅游院校明确旅游行业对学生"高位就业"岗位的人才需求和标准,同时,有效地将书本知识与实践知识相结合,使学生成为符合旅游行业需求的又具有职业生涯发展潜力的基层管理人才。依托校内外实践教学基地，使学生与企业零距离接触，并通过校企深层协作的阶梯式培养，最终使学生在毕业时具有高位就业能力，实现高位就业的人才培养目标。

(三)重视实践教学体系的建设

与国外旅游院校相比，我国旅游教育的实践教学体系尚不完备，基础设施建设还比较落后；师资力量也比较薄弱，尤其是缺乏"双师型"教师，有行业背景的教师一旦回到学校，就会因长期脱离企业，不能及时更新行业经验和知识信息，而很难创新和提高实践教学质量。上述情况出现的原因主要是学校对实践教学的重视不够，实践教学目标不明确，实践教学体系不完善。

因此，旅游院校需要开展传统教学模式的改革，重视实践理念在教学中的应用，注重实践基础设施的建设，完善和创新实践教学体系，积极关注社会的经济与科技的动态，将先进的理念适时地引入校园中，通过课程设置的安排发展不同学生的兴趣、爱好和特长，注重学生实际操作能力的培养。如果实践环节做得比较成功的话，可有助增强旅游院校学生对本专业的热爱和信心，激发广大学生在自主学习和实践方面的积极性。从社会方面说，目前，许多校外实践教学基地的功能单一，仅仅停留在为学生提供基层服务岗位的顶岗实习项目，这主要是因为旅游企业的主要目标是追求经济效益。当企业看不到校企合作的经济效益，就会降低合作积极性。此外，企业认为旅游中职学生动手能力弱，实践操作技能差，所以只是简单地为学生提供基层服务岗位，没有为学生的轮岗实习提供相应的条件，因而学生在实习期间并不能完全了解旅游企业，这在一定程度上不符合"高位就业"的人才培养目标。然而，在竞争激烈的旅游市场当中，人才才是旅游行业取胜的关键，因而企业应建立一个长期的目标，使校外实践教学基地的建设有效地实现企业的"育才"和"选才"结合，使经济效益、社会效益和教育效益"三效"合一。同时，相关旅游的行业要给予极大的帮助,注重校企之间的合作,增强与学校共同培养旅游人才的责任心和义务感,因为旅游业要想更高、更快、更健康地发展,离不开广大旅游企业的支持。

第三节　旅游专业开放式立体化实践教学体系的构建

开放式立体化实践教学是实践教学改革的重要内容。开放式立体化实践教学体系强调将实践教学的实验、实践、实习等各环节紧密相连,层层递进,从而多维度、多元化、全方位地实现旅游专业应用型人才的培养。

一、实践教学目标定位

旅游专业开放式立体化实践教学体系以学生的"高位就业"为目标,以科学创新的教学理念为指导,突出实践教学环节连贯性和整体性。这种体系主要通过完善实践教学内容,培养学生的应用能力和综合职业能力,满足新时期旅游业发展对专业人才的需要,拓宽旅游专业毕业生的就业渠道和就业方向,提高学生的职业能力和就业能力。

旅游专业开放式立体化实践教学体系目标的建立,突破了传统观念而积极推动旅游专业人才的"高位就业"是解决旅游教育与旅游业发展供求矛盾的突破点,重在解决旅游教育与旅游业人才供求矛盾的瓶颈问题,为旅游教育的新发展探索新的人才培养机制。传统的旅游管理专业实践教学体系虽然发现了旅游教育重理论轻实践的问题,可仅仅加强实践教学力度是不够的,实践教学的发展需要更完善的理论指导,需要更明确的实践教学目标,需要更符合旅游业和旅游市场对人才的真正需要。只有找到问题的根源,才能更好地解决问题。

二、旅游专业开放式立体化实践教学体系的构建

(一)构建原则

1. 以人为本的原则

旅游专业开放式立体化实践教学体系的构建应坚持以人为本的原则。该体系为了培养更贴近社会发展和企业需求的应用型专业人才,更加注重学生个体的发展,在实践教学活动的开展过程中,突出学生的主体性地位和教师的主导作用。该体系结合学生个性化的发展需要,制订适合学生个性和能力提升的实践教学课程,将理论与实践充分结合,从旅游行业对人才的需求以及学生兴趣的角度,思考实践教学体系中的课程设计、内容选择及安排,使实践教学成效最大化,全面提高学生理论联系实践的综合能力和职业综合素质,突出培养学生的创新创业能力和实践能力,更好地适应时代和行业的发展要求。

2. 市场导向原则

实践教学体系的内容应适应旅游行业的发展要求和趋势,不可盲目设定。以行业发展的模式特点为出发点和依据,设计旅游管理专业的实践教学体系。旅游管理专业开放式立体化实践教学体系的构建,应坚持以社会需求和旅游市场需要为导向的原则。旅游管理专业人才的培养主要服务于旅游业,随着旅游业的快速发展和旅游市场对人才的发展要求,旅游教育人才培养需要与时俱进,符合行业和市场的发展需要,实现旅游管理专业人力资源的充分利用。旅游管理专业开放式立体化实践教学体系的构建,就是为了培养更为符合现有旅游业发展需要的高素质旅游专业人才。培养具有创新创业能力的专业人才。通过提高学生的综合职业能力和就业能力,缩短

企业对人才的要求与现有学生的职业能力差距,解决中职旅游管理专业人才的就业瓶颈问题。这种体系的建立有效拓宽了专业人才的就业视野和就业渠道,有助于实现旅游管理专业的健康可持续发展。

3.开放性原则

根据旅游教育的特点和旅游教学经验,构建旅游管理专业开放式立体化实践教学体系。该体系打破传统的单一维度实践教学模式,实行开放式培养,既可以提高学生就业能力,又兼顾学生个性发展。开放性原则应贯穿实践教学的全过程,其教学目标、教学内容、教学主体、教学方法等方面均坚持开放性原则。旅游院校在实践教学活动的全过程坚持开放性理念实施实践教学活动,突破传统教学模式重理论轻实践的弊端,拓宽学生的实践学习平台,整合并开发实践教学资源,建立资源共享机制,不断完善校内外实践基地建设。

4.连贯性原则

旅游专业开放式立体化实践教学体系强调实践教学各环节的连贯性和整体性。实践教学活动不是仅停留于理论课程的实践操作训练和简单零散的实训课程等,而是具有更为丰富内容的实践教学活动,包括课堂实践、旅游实验课程、专业实训、校外见习、毕业实习等诸多环节。实践教学活动贯穿于旅游专业教学过程的始终,并给各环节实践教学活动的开展制订统一而完整的教学目标、教学内容和教学计划,形成环环相扣、环环相连的实践教学体系。旅游专业开放式立体化实践教学体系,革除了传统实践教学体系缺乏完整性和连贯性的弊端,强调实践教学内容的综合效用和整体性,进一步完善了旅游专业实践教学体系。

5.可持续发展原则

旅游专业具有较强实践性和应用性的学科特点,这决定了旅游专业的人才培养目标。目前,我国旅游专业具有不同的办学层次,无论是培养专业技能人才的中专、中职教育,还是培养高层次专业人才的本科、研究生的旅游高等教育,其宗旨和办学理念都是实现专业人才的职业发展和综合素质的提高。由于专业的特点和旅游业发展的需要,各办学层次的培养目标虽然有所差异,但都要求旅游专业的学生应该具备较强的实践能力和创新创业能力,掌握熟练的专业技能,这与各层次的旅游教育的培养目标并不冲突。因此,完善旅游教育的实践教学体系,构建旅游专业开放式立体化实践教学体系符合旅游专业的可持续发展要求。旅游专业的绝大部分人才未来主要服务于旅游企业,学生的职业能力发展对未来的职业前景具有重要的影响和作用,创新创业能力更是新时期学生未来职业能力发展的关键。培养具有较高创新创业等综合职业能力的专业人才,是旅游教育需要完成的重要任务,而开放式立体化实践教学体系是提高旅游专业人才综合职业能力的重要途径。与此同时,应依据分层教育思想,建立校内的基础实践、校外旅游企业的专业实践乃至国外旅游企业高级实践的多层次教学体系,使学生的能力循序渐进、可持续地发展。

(二)构建旅游专业开放式立体化实践教学体系的必要性

1.旅游专业实践教学理论研究和实践发展的需要

旅游专业的应用性和实践性特征使实践教学对应用型人才培养的质量提升具有重要的意义和作用。近年来,有关旅游专业实践教学方面的实践和研究受到旅游教育者和研究者的广泛关注,实践教学的相关理论研究逐渐增加,部分专家学者理论探讨了实践教学模式、实践教学体系等方面问题;许多院校开展了丰富的校内外实践活动,并取得了一定的成效。然而受教育理念、教学环境、教学条件、教学资金等一系列主客观因素的影响和制约,相关的理论研究和实践活动还处于探索发展阶段。

2.旅游教育可持续发展的需要

与经济学、管理学等基础学科和专业相比,旅游专业和学科起步较晚,理论和专业发展基础相对薄弱,教学资源相对匮乏,专业软硬实力建设有待于进一步提升。旅游管理专业在发展中出现了诸多弊端和问题,而这都有待于旅游研究者和旅游从业者发现与解决。现今旅游专业问题的解决情况影响着未来旅游教育的发展趋势,旅游专业如何健康地可持续发展是所有旅游专业人士需要关注的问题。旅游专业的可持续发展需要科学的理论基础和完善的科学理论体系作指导。而旅游专业自身又具有鲜明的应用性特征,实践教学是旅游教育的关键,是影响旅游专业人才培养质量的重要教学内容。因此,旅游专业开放式立体化实践教学体系的建立,既有助于完善旅游专业实践教学体系,又符合旅游专业可持续发展的要求。

(三)旅游专业开放式立体化实践教学体系的构成框架

旅游专业开放式立体化实践教学体系以培养学生的"高位就业"能力为根本出发点,革除了传统旅游专业实践教学存在的弊端,强调实践教学环节的连贯性和整体性,关注学生的实践操作能力、综合职业能力的培养,通过深化校企合作,积极发挥学校的主导作用,积极拉动校内和校外培养力量双管齐下。旅游专业开放式立体化实践教学体系的构建,对旅游专业实践教学活动的开展具有重要的理论价值和实践意义,有利于提高旅游专业实践教学质量并进一步完善旅游教育体系。

旅游专业开放式立体化实践教学体系重点强调实践教学、职业能力、校企深层合作在实践教学过程中的重要作用,它由实践教学的目标体系、内容体系、评价体系、保障机制等要素组成。其中,旅游专业立体化实践教学体系的主要构架可概括为"一点、两面、四维度、四层次"(见图5-1)。

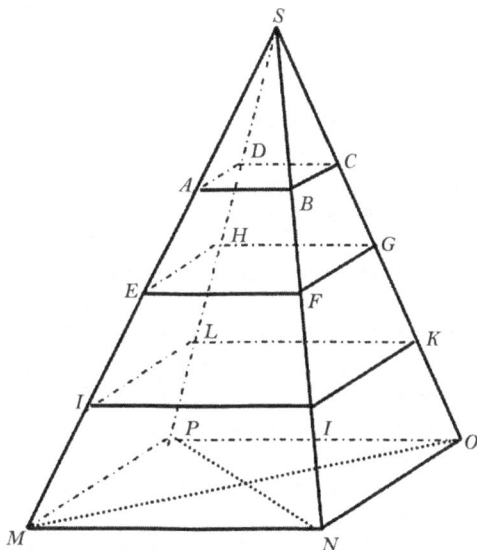

图 5-1　旅游专业开放式立体化实践教学体系构架

其主要内涵有四个方面。"一点"(S 点），是指旅游专业开放式立体化实践教学体系的最终目标，即培养旅游专业学生的"高位就业"能力。"高位就业"能力的培养是旅游教育主动适应新时代和旅游业发展需要的重要职业素质要求。培养具有较强"高位就业"能力的专业人才，有利于拓宽学生的职业发展思路和就业渠道，缓解人才供求错位的矛盾。

"两面"（$\triangle SPN$，$\triangle SMO$），是指旅游专业开放式立体化实践教学体系的实施主要包含校内实践和校外实践两个层面，即校内和校外实践伴随着旅游专业开放式立体化实践教学体系的全过程，实践教学活动各环节和各层次的教学活动都离不开校内实践教学和校外实践活动，并以开放式立体化的实践教学理念带动实践教学活动的深化开展。

"四维度"（$S\text{-}MNOP$），是指旅游专业立体化实践教学体系突出强调的四大核心内容：实践教学主体、实践教学内容、实践教学方式及学生的职业能力发展。该体系以四大核心内容为出发点，构建旅游专业开放式立体化实践教学体系。旅游专业开放式立体化实践教学体系的"四维度"以培养学生的创新创业能力等职业综合能力为宗旨,突出强调实践教学方式的立体化、实践教学内容的立体化、学生职业能力培养的立体化的构建,强调各维度实践教学活动的开展应始终坚持开放式的教学理念,通过引入开放式的教学手段,从而形成具有较强实践价值和指导意义的科学完善的科学实践教学体系。

"四层次"分别指图中 $S-\triangle MNOP$,$S-\triangle IJKL$,$S-\triangle EFCH$,$S-\triangle ABCD$,指代旅游专业实践教学四个阶段,即主要根据学生对实践教学的学习年限和学习程度将实践教学划分为基础认知期、关键训练期、专业熟练期、职业成熟期。各旅游院校可以结合自身的教学计划和特点灵活调整实践教学内容。旅游专业开放式立体化实践教学体系既是科学的创新实践教学体系,同时又是有待不断丰富和完善的新型实践教学体系。

(四)旅游专业开放式立体化实践教学体系的核心内容

旅游专业开放式立体化实践教学体系的核心内容主要是指开放式立体化实践教学体系中的"四维度",即旅游专业实践教学主体维度、实践教学内容维度、实践教学方式维度、学生职业能力培养维度。旅游专业开放式立体化实践教学内容是立体化实践教学体系的重要组成部分,该体系通过四维度的实践教学过程与实施,培养旅游专业学生有较强的职业综合能力,特别是"高位就业"能力,所以培养学生的"高位就业"能力是开放式立体化实践教学体系的出发点,同时也是该体系的核心培养目标。

1. 实践主体维度

实践主体维度是指旅游专业开放式立体化实践教学对象,即旅游管理专业学生。旅游专业开放式立体化实践教学体系强调学生在教学过程中的主体性地位,突破了传统教学填鸭式的教学方法。在这种体系中,教师不再是一味地向学生灌输式传授知识,而是积极调动学生的课堂参与积极性,让学生主动参与到实践教学的学习过程中,这有助于真正实现实践教学主体的转变,从而不断提高学生的实践操作能力和综合素质,在此基础上提升学生的创新意识和创业意识和"高位就业"能力,有助于实现旅游专业开放式立体化实践教学体系人才培养的根本目标和培养目标。

2.实践内容维度

实践内容维度是指旅游专业实践教学的具体内容,这是旅游专业开放式立体化实践教学体系核心内容结构的重要方面。旅游专业的实践教学内容包括实验教学、实训教学、综合实践教学、专业实习等多环节的教学活动。

(1)实验教学

实验教学是旅游管理专业实践教学的基础,旨在通过《旅游礼仪形象学》《导游业务》《模拟导游》等专业课程的实验教学,培养学生的专业基本技能。实验教学活动主要在校内的实验教学中心开展。

(2)实训教学

实训教学是旅游专业实践教学的重要组成部分,旨在通过《导游实训》《餐饮服务》《调酒技艺》等课程专业技能技巧的训练,培养学生在旅游行业相应岗位的专项技能。实训教学活动可以在校内的实验教学中心开展,也可以在校外的实践教学基地开展。

(3)综合实践教学

综合实践教学是指具有较强综合性的实践性教学活动,是在顺利完成专业实验教学和实训教学的基础上进一步拓展的教学活动。通过《旅行社经营管理》《景点景区管理》《酒店经营管理》《旅游规划与开发》等专业课程模拟综合实践活动的开展,学生的专业综合运用能力得以提升。综合实践教学活动通常在校内的实验教学中心开展。

（4）专业实习

专业实习是实践教学活动的重要组成部分，是旅游专业学生就业的直接基础，也是推动"高位就业"目标实现的重要环节。旅游专业学生的专业实习大多是顶岗实习的形式，且这项活动在校外实践教学基地开展。学生在顶岗实习期间，大多从事旅游行业的基层服务工作，由此从实验、实训、角色模拟转向实战，通过积累实战经验，完成由基层服务人员向基层管理人员的过渡。顶岗实习能促进学生就业能力的提升、职业能力的发展，使学生成为具有较高职业综合能力和职业素养的优秀旅游管理专业人才，有利于"高位就业"目标的实现。

3.实践方式维度

实践方式维度是指旅游专业的开放式立体化实践教学体系中，实践教学内容实施的具体开展方式和途径，主要包括校内实验、校内外实训、校内角色和场景模拟、校企深层合作等方式。

（1）校内实验

校内实验是旅游专业开放式立体化实践教学的基础内容和最初环节。在旅游专业开放式立体化实践教学过程中，学生通过在校内实验中心的实验训练（例如，在《营养配餐原理》这门课程中，学生开展营养成分分析方面的实验；在《调酒技艺》这门课程中，学生开展鸡尾酒调制成分分析方面的实验），使学生更好地掌握产品的成分和设计原理。

（2）校内外实训

校内外实训主要是指针对旅游行业对专业岗位技能的要求开展的专项操作训练。例如，在《餐饮服务》这门课程中，学生开展餐饮摆台实训；在《茶艺表演》这门课程中，学生开展茶艺表演基本技术训练；在《模拟导游》这门课程中，学生开展导游讲解技术、事件处理技术、接待技术等方面的专项训练，上述实训都有助于使学生掌握旅游行业专业岗位的操作技能和技巧。

（3）校内角色和场景模拟

校内角色和场景模拟主要是针对旅游企业的经营管理和服务活动开展的演练。例如，在《宴会管理》这门课程中，学生在学习完成理论和实训教学内容的前提下，模拟策划、经营宴会活动。这种训练使学生能体验经营管理的真实场景感，从而培养他们的理论应用能力和实践应用能力。

（4）校企深层合作

校企深层合作主要指旅游院校与旅游企业在互利共赢的前提下签订长期稳定的深层合作协议，共建实践实习基地。合作的内容主要是旅游院校的师生深入企业开展参观学习、调研、讲授、咨询、实践、实习等活动，旅游企业的经营管理人员和服务人员进入旅游院校开展学习、调研、讲授等活动。特别是在顶岗实习阶段，通过实战演练进一步提高就业能力和职业发展能力，推动实现旅游专业人才的"高位就业"的目标。

4.职业能力维度

职业能力维度是指旅游专业开放式立体化实践教学体系中有关学生职业能力发展过程的重要内容。学生的职业能力发展是衡量开放式立体化实践教学效果的重要标准，同时也是旅游专业开放式立体化实践教学目标得以确立的基本出发点。只有具备较高综合职业能力的旅游专业学生，才能适应当今旅游业对人才的发展要求。不同的学习阶段对学生的职业能力提出了不同的要求。

首先，在基础认知阶段，主要通过实验教学的方式，培养学生的专业基础能力，为接下来实践教学活动的开展打下坚实的基础。

其次，在关键训练期阶段，主要通过校内外的实训教学活动，培养学生的专业操作能力和实践能力，这两种能力是学生掌握旅游专业所需具备的主要实践能力，学生通过基本完成实践专项操作内容，才能具备一定的旅游实践能力。

再次，在专业熟练期阶段，主要开展实践综合教学内容，通过校企合作的方式，培养学生的旅游专业综合实践能力，使其综合运用之前在校内实验室和实训基地学习到的专项实践知识和技能，提高其在实践中发现问题、分析问题以及解决问题的能力，使学生的实践能力进一步发展、提高。

最后，在职业成熟期，通过让学生顶岗实习，实现由基层服务工作者向中层管理者的职业过渡，从而使其成为具有较高职业综合素质和实践能力的优秀旅游管理专业人才。旅游管理专业开放式立体化实践教学体系的最终目标就是通过上述阶段性地培养和提高学生职业能力，实现学生创新创业能力的提高，从而提高学生的就业能力，拓宽其就业视野，使其更好地适应新时代对旅游专业人才的要求。

以"实践主体维度""实践内容维度""实践方式维度""职业能力维度"构成的开放式立体化实践教学核心内容，是支撑旅游专业开放式立体化实践教学体系得以实现和应用的重要内容。旅游专业开放式立体化实践教学体系的构建，为解决旅游教育与行业发展的供求矛盾的瓶颈问题，提供了新的思路和建议，对进一步完善旅游专业实践教学体系、推动旅游专业的可持续发展具有重要的理论意义和实践价值。

第四节 旅游专业实践教学考评体系的构建

旅游院校以提升"高位就业"能力为目标导向，构建出与开放式立体化实践教学体系相适应的实践教学考评体系，建立起学校、用人单位、行业部门共同参与的学生考核评价机制，使实践教学的考核评价更加科学、合理，促进应用型人才培养质量的提高。

一、考评体系的构建原则

(一)考评项目多样性

学校应按照旅游专业应用型人才培养中实践教学的培养目标制订考评方案,合理分配各年级、各层次、校内外实践教学各个部分的学分和学时比例,并将实践教学活动的项目列入考评体系,以此综合考核学生的实践能力以及实践效果。

(二)考评方式多样性

学校应根据旅游专业实践教学的目标和考评计划制订考评标准,设计实践考核评估表,建立学生实践专项档案,实行校企双重管理、双重考评的方法。同时,学校也应让学生加入考评者行列中,使学生不仅是被考评者,同时也作为考评者——考评同学、考评企业和学校的实践教学效果。实践教学的效果考评包括校内课堂实践能力、实验绩效、团队合作精神、在校外旅游企业中的实习能力等多项内容,以综合评价学生的实践能力,综合评价旅游专业的实践教学效果。

(三)考评结果透明性

旅游管理专业实践教学的效果考评不仅要保持过程的公开、公平、公正,同时要保持考评结果的公开化、透明化。此外,学校要定期召开座谈会,开展问卷调查,征求学生、教师和企业的意见和建议,不断改进和完善实践教学考评体系,使之更加科学合理。

二、考评体系的内容

实践教学对提高旅游专业学生的实践能力和应用能力具有决定性作用。旅游中职教育要重视旅游专业教学中实践教学的各个环节。旅游院校要建立和完善校内外实践教学基地,高度重视校内外实践教学的各个环节、各个项目(包括实验、实训、角色和场景模拟、专业实习等)的开展,提高培养效果和培养质量;建立起学校、用人单位和行业部门共同参与的考核评价机制,既要促进人才培养与社会实践、就业相结合,提高就业率,又要促进学生"高位就业"能力的培养,提高学生的职业发展能力。同时,旅游院校发挥中职院校为旅游行业开展咨询、实践服务的功能。旅游专业实践教学考评体系如图 5-2 所示。

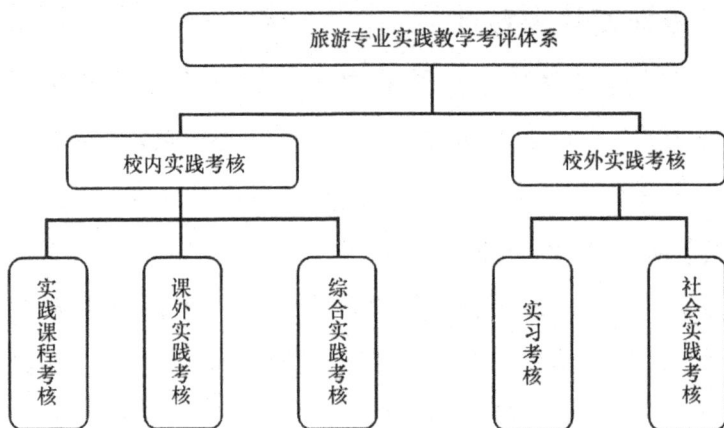

图 5-2 旅游专业实践教学考评体系

旅游专业实践教学考评体系的各项指标以及细化、量化标准如表 5-1、表 5-2 所示。

表 5-1 旅游专业实践教学考评指标体系

考核范围	权重	指标	权重
校内实践考核	60	实验课程考核	20
		课外实践考核	20
		综合实践考核	20
校外实践考核	40	实习考核	20
		社会实践考核	20

表 5-2　旅游专业实践教学细分指标内涵及相关主要内容

考核范围	指标	指标内涵及相关主要内容
校内实践考核	实践课程考核	实验课程日常考核的主要内容为:学生预习实验的目的、原理、操作步骤及流程等的情况;学生对实验原理的理解及对实验内容的掌握程度;实验记录的整洁翔实程度;探索和研究问题的深度、积极性和主动性
		操作考核的主要内容为:实验操作的规范程度、熟练程度;实验常见问题的分析与处理能力;实验环境、仪器设备的保持维护程度等
		实验报告考核的主要内容为:实验报告、作品、考察报告等。实验报告、作品和考察报告的质量考核内容为:设计内容的完成情况,格式的规范程度;书写的规范整洁程度,页面的整洁程度;讨论问题的充分程度,设计要求的符合程度,讨论理解实验过程和结果的程度;实验资料、数据运用的丰富程度;所反映的创新能力、应用能力等
		学生实验课上课过程考核的主要内容为:实验前复习前一节课程讲授的内容,预习实验指导书中本节课程的主要内容;认真按要求和方法步骤开展实验活动,注重培养独立工作能力;遇到问题先自己思考和解决,再请老师帮助;在实验课上注重动手、动脑思考;实验课结束后认真清理实验环境,实验仪器复位排放
		在课堂授课外应保证以 1∶1 的时间为学生开放实验室,让学生能够利用课余时间在实验室自主练习各项实验内容,开放时要有专职的实验人员负责指导,并记录学生的情况,实验开放的考核按实际情况纳入总成绩
		实验课程成绩评定的要求:建立多元实验考核办法,统筹考核实验过程与实验结果,激发学生实验兴趣,提高实验能力。课程实验的考核由实验课程主讲教师根据课程特点确定,并报学院主管教学的院长审批。课程实验成绩应纳入课程总成绩。每次实验课的成绩一般由日常考核、操作技能考核、实验报告等部分组成,且考核内容不得少于两项,实验课总成绩是每次考核的综合成绩;课程实验不采用单独考核形式,其成绩由各个实验项目的成绩及实验课平时成绩综合而定;实验课成绩中各部分的组成比例可根据授课教师的意见及课程的实际情况定夺

续表

考核范围	指标	指标内涵及相关主要内容
校内实践考核	实验课程考核	实验考核成绩不合格者,不得参加本课程的理论环节的考试。实验课考核成绩单应一式三份,由学院办公室、实验室和任课教师分别保存,由任课教师、学院主管教学院长签字生效
	课外实践考核	定期或不定期从校内外聘请旅游专业有实战经验的专兼职教师培训和指导学生,注重对学生应用能力和职业能力的训练;实践活动的项目、内容、活动过程以及考核标准应与行业的岗位标准对接,实践的内容按照学生学习的进度逐步提升;学生在实践活动结束后撰写实践体会或实践报告
		定期或不定期举办学生职业技能大赛,聘请校内外专兼职教师开展指导、评价,让学生在竞争中提升实验技能,提高实践能力,从而达到考核学生的实践技能的目的
	综合实践考核	毕业论文的撰写应与社会实践相结合,论文选题应有所创新;指导教师要指导学生确定论文题目、开题、资料查阅、论文写作、定稿等具体事项,对学生论文的指导不得少于 5 次
		每一个学年安排学生撰写与实践相结合的实践论文 1 篇,字数一般为 3000 字左右,格式和要求参照毕业论文,安排指导教师为学生指导;指导教师要为学生的论文成绩打分,论文以文本形式学院留存,成绩要纳入教学计划中的综合实践部分
校外实践考核	实习考核	实习生要记录好《实习生周记》,实习结束时要上交实习总结和专业调查报告
		实习单位和带队教师要共同给每名实习生实习综合成绩,按优秀、良好、中等、及格、不及格五级评定
		综合学生在实习单位和学校的实践表现,按 10% 的比例评选出优秀实习生;召开实习经验交流会,交流实习的经验和教训,以更好地开展实习活动
	社会实践考核	学生在寒暑假期间能够在行业内开展旅游专业见习,初步了解行业信息,把握行业动向,每个学期撰写心得体会。学生在实践教师的带领下,参与实验实践的社会活动及科学研究;提倡实验教学与科研课题相结合,创造条件使学生较早地参与科学研究和创新活动,且在这样的活动中考查学生的实践能力

第五节 旅游专业实践教学 体系运行的保障措施

保障机制是实践教学体系的重要组成部分,要提高实践教学的有效性,除了制订并推行有关实践教学的规章制度,使实践教学正常化、规范化外,还需要建立起一支"双师型"队伍,建立长期稳固的校内外实验、实践、实习基地。

一、建立健全实践教学管理规章制度

建立健全规章制度是科学管理的基础。实践教学具有灵活多样、分散、时间长等特点,这要求必须有科学的规章制度做保障,否则,实践教学体系不能规范、有效地运行,也起不到培养学生的实践能力、应用能力的作用。

旅游专业实践教学的保障体系应采用教授领衔、团队建设、企业参与为主体的管理模式,实行学校、专业部两级管理体制、一体化管理;同时应建立健全规章制度,如系统的实践教学大纲、实践教学计划、资金保证制度,并制订完整的、规范的各类实践教学运行操作规章,建立系统的激励机制和质量检查体系。

二、建设开放式立体化实践教学基地

实践教学基地的建设在实践教学中起着非常重要的作用。旅游专业的实践教学基地的建设包括校内实验中心建设和校外实践教学基地建设。

(一)加强校内实训中心建设

实训中心建设是强化实践教学环节的基础,很多中职旅游院校忽视实训中心的建设,使许多专业课的课堂实践环节形同虚设。实训中心是实训教学的重要基地,是培养旅游应用型人才必不可少的基础条件和重要保障。实训教学是中职学校教学体系的重要组成部分,是培养学生理论联系实际、提高学生实践能力和"高位就业"能力的重要环节。

旅游专业实训中心的实验室可分为基础实训室和专业实训室两类。基础类实训室主要有计算机广场、语音实训室、形体训练实训室等,建设这些实训室主要是为了培养旅游专业人才的基础文化素养和基本技能;专业类实训室主要有模拟客房、模拟餐厅、模拟酒吧、模拟茶楼、模拟导游实训室、旅游规划与开发实训室等。

实训室建设条件较好的旅游院校可以建数字化、网络化实训室,例如,酒店经营管理数字实训室、旅行社经营管理数字实训室、景点景区经营管理数字实训室等。

数字实训室是在传统实训室的基础上,利用先进的计算机技术、网络通信技术、多媒体技术等相关的信息加工处理传播技术,将各种实训资源数字化,并通过计算机建设实训教学管理的综合性、开放性的实训教学环境。

数字实训室的建立使传统实训室的功能在时间和空间上得到最大的延伸,数字实训室的设备能够实现数字化的实训教学资源(虚拟实训、在线辅导材料等)、实训教学指导和计算机化的实训教学过程管理以及计算机化的实训室管理。

专业实训室要满足实践教学环节的需要,特别是解决实践课程教学的需要。具体实践课程类型如图 5-3 所示。

旅游管理专业实训教学类型及主要课程

1.实训类实验
- 礼仪与形体训练
- 前厅与客房服务
- 餐饮服务
- 西餐制作与服务
- 茶艺知识技能
- 酒水知识技能
- 旅游英语听说
- 导游学原理
- 旅游从业人员普通话训练

2.计算机软件类实训
- 环境学概论
- 旅游规划学
- 中国旅游地理
- 旅游景区开发设计
- 旅行社经营实务
- 旅游市场调研
- 旅游制图
- 旅游管理信息系统
- 前厅软件操作

3.模拟经营实验类实训
- 电子商务
- 饭店管理概念
- 餐饮经营管理
- 餐饮设计
- 康乐经营
- 酒吧经营与管理
- 茶艺馆经营与运作

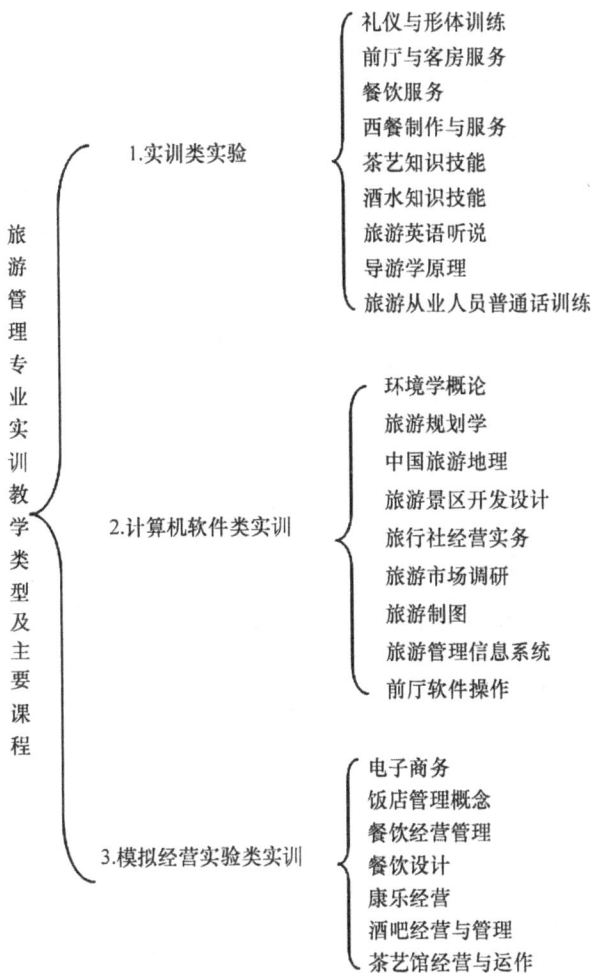

图 5-3　旅游专业实训教学类型及主要课程

（二）建立长期稳固的校外实践教学基地

校外旅游实践教学基地是校内旅游实训中心的延伸。为了保障学生实践的效果，旅游院校应选择具有一定经营规模和业绩的旅游饭店、旅行社、景区等，以互利共赢为原则，开展深层合作，共建长期稳固的校外实践教学基地。校外实践教学基地可由学校所在城市的旅游企业和外地经济发达地区的旅游企业构成。

1.旅游专业校外实践教学基地的建设目标

旅游专业校外实践教学基地的建设目标在基地建设过程中起到引领性作用,直接影响着校外实践教学基地的发展方向。明确校外实践教学基地建设的基本目标是研究旅游专业校外实践教学基地建设思路的重要内容。旅游专业校外实践教学基地建设的总体目标是以就业为导向、以能力为核心、以终身发展为目标,把校外实践教学基地建设成学校与社会、学生与社会、毕业生与用人单位联系的桥梁和培养学生创新精神和实践能力的重要场所,以及对接学校教育与行业人才需求的平台。具体目标要结合各旅游院校的人才培养目标及专业特点制订。

2.旅游专业校外实践教学基地的建设内容

以教育部大学生校外实践教育基地建设内容为指导,结合旅游院校中职人才培养目标以及旅游专业应用型学科的特点,主要从组织机构、教学条件、教师队伍、实践教学体系、质量监控等方面开展建设。

(1)组织机构建设

建立校企合作双方共同参与的校外实践基地领导小组和工作小组,明确相关人员的职责和分工,制订切实可行的管理制度以及工作岗位职责,提高校企双方的管理效能。定期召开会议,共同协商解决实践教学的教学内容、教学过程、教学考核等相关事宜。在基地建设过程中,如出现非常规的事件,可以召开临时工作会议,及时协商解决相关问题,以推进校外实践教学基地建设工作的顺利开展。

(2)基地教学条件建设

整合校外实践教学基地现有的设施条件,完善现有的实践教学硬件条件,并安排专人负责日常开放与维护,制订校外实践教学计划,使得校外实践教学基地的设备、场地、设施能够满足并保证实践教学项目按质按量完成。

（3）指导教师队伍建设

建立一支由学校教师和旅游企业管理人员共同组成的专兼职相结合的指导教师队伍，并制订相应的师资队伍培养制度，采取有效的培养措施，调动指导教师的积极性，不断提高指导教师队伍的整体水平。企业应派出实践指导教师指导、评价学生的校内实践活动，每年选派业务骨干指导学生的实践教学活动，开展一系列的横向课题研究和调研工作、论证工作，提供咨询服务、委托培养、专家鉴定、会议承办等合作项目；学校则每年派出 3～5 名教师到企业挂职锻炼。

（4）校外实践教学体系建设

结合旅游专业人才培养方案，与基地所在的旅游企业共同制订校外实践教学目标和培养方案，共同开发校外实践教学的课程体系和教学内容。设计开发有助于培养学生的服务、管理能力和创新精神的校外实践项目，同时关注对学生服务意识和职业道德的教育。学生在三年中分层次实践训练，一年级以见习、调研、技能基本训练为主，二年级以实际操作为主，三年级以顶岗实习为主。

（5）评价与保障体系建设

建立和完善校外实践环节的质量监控体系。制订旅游专业校外实践教学基地管理的相关规章制度，定期考核、管理与监督校外实践环节。

三、建立"双师型"教师队伍

旅游专业人才的培养不仅需要一批学术理论水平高的教师，也需要具有一定的实践背景和丰富的实践经验的"双师型"教师。实践教学的师资可由两部分构成，一部分来自旅游院校，另一部分来自校外实践教学基地，即酒店、景区景点、旅行社等。专业教师可以通过行业兼职、教学实践、为行业服务、产学研结合等途径提高和锻炼丰富的实践经验。这些途径不仅可以使实践教学紧跟行业发展的新形势，也可以提高教师的科研水平，增强科研成果的应用性，有利于旅游行业的发展。因此,要有计划、有目标地培养"双师型"师资队伍,每年要有目的性地指派教师去旅游行业实践学习、交流、挂职锻炼,旨在增加教师的行业素养和指导学生实践的能力,并促进实践教学内容、手段、方法的改善,从而提升教学效果。推广体验性教学,把情景教学、案例教学、仿真教学等贯穿实验教学过程中,使学生更好地理解所学的知识,最大限度地发挥学生的积极性和学习潜能。

四、创新实践教学方式

旅游院校在保证学生课堂实践以外,还要不断创新实践方式,有意识地为学生提供实践机会,使社会实践活动与专业实践相结合。

(一)将实践教学与各类比赛相结合

旅游院校把比赛资源纳入实践教学模式中,增加实践教学与社会的契合度。通过组织学生参加全省、全国性专业大赛、创业大赛、技能大赛等活动,让学生走出校门,开展交流,开阔视野,参加专业大赛的实践教学模式能够更好地稳固学生所学的专业知识,积累工作经验,而这些宝贵的经历也都是学生毕业后工作和创业的有力保障。

(二)将考取职业资格证书纳入实践教学环节

职业资格证书制度是劳动就业制度的一项重要内容,也是一种特殊形式的国家考试制度,它是指按照国家指定的职业技能标准或任职资格条件,通过政府认定的考核鉴定机构,客观公正、科学规范地评价和鉴定劳动者的技能水平或职业资格,由此为合格者授予相应的国家职业资格证书。目前,很多旅游专业相关的行业都已经规范化,从业者没有职业资格证书就无法在行业内就业已经成为趋势。因此,将考取职业资格证书纳入实践教学环节,可增加实践教学与职业能力培养的契合度,也是今后旅游专业实践教学的重要任务。

(三)将实践教学与企业就业相结合

企业家和行业专家可以从工作岗位的能力需求出发,对实践教学提出意见和建议并直接参与学校专业课程设置及专业教学改革，从而使学校培养的学生能适应企业的需求，从而提高学生的就业能力。学校实践教学终将延伸至企业和社会，所以，应保持学校、企业、社会的紧密联系，并寻求企业与学校的利益平衡，为开放式立体化实践教学模式在社会资源中找到最切合实际的入口，还可在实践课程中引入其按企业用人需求定制的培训内容，并将成绩达标的学生直接送入企业工作，增加学生就业需求的契合度。

第六章

新时代智慧旅游应用型人才培养的师资队伍建设

当前,多数中职教育旅游专业的师资队伍建设上还有许多问题。现阶段,需要迫切提升教师队伍专业能力,优化队伍结构,建设一支能适应新形势的"双师型"教师队伍,从而进一步提升教学的质量。

第一节　旅游教师的职业分析

中职旅游教育是一种特殊的生产部门,教师是特殊的脑力劳动者。作为中职旅游教师,既具有普通教师职业的共性,同时因为他们的劳动对象是身心发展趋于成熟、具备一定专业知识基础的学生,劳动产品是社会需要的各类高级专门人才,故中职旅游教师职业又具有特殊性。

一、旅游教师的职业特点

(一)教师职业的学术性和专业性

学术职业是以专门知识为中介的一种特殊类型的职业,从事的是专门的教学、研究和知识服务工作。专门化的知识是学术职业的基础。学术性的主要特点是教师对某学科领域从事独立研究,有个人独立见解,可以充分发表个人的研究成果而不受干扰和约束。专业性有两层含义:一是指教师是专门的职业,就像医生、律师、会计等一样,别人不可以替代;二是指从事某一专业的教学和研究。中职旅游教师有自己的专业课,是这一领域的专家。他们熟悉专业知识并传授给学生,而且及时掌握该专业领域的最新发展。教师为了搞好教学工作,不能仅依靠课本知识,照本宣科,还必须要研究、探索,把自己研究的成果内化为自己的知识传授给学生。教师要把教学与科研结合起来,要研究自己所教的专业知识,并积极开展科研活动,接受和承担科研项目;还要带领学生一起开展研究。总之,教师不能光做教书匠,还要做学问家、科学家。

(二)教师职业的独立性和自由性

教师职业是教师独立完成的,如独立教学、独立研究、对学生负有独立的责任,同时每个教师还具有独立人格。教师职业的独立性,体现在教学独立、研究独立、责任独立。

中职旅游教师在教学过程中,尽管有教学计划、教学大纲,有规定课程、教材,但都要通过自己的独立思考、独立操作,内化为个人的独立行为。自由性,是指中职旅游教师的职业是一种自由的职业,教师的研究和教学是自由的,教师可以自由流动,从而促进学术的交流。中职旅游教师要更好地从事教学和学术研究,充分发挥才能,必须有一个宽松自由的环境。因此,独立性和自由性是由教师职业的特殊性质决定的。同时,中职旅游教师职业的独立性和自由性是建立在教师自觉遵守民主与法治、遵循教育方针、敬业爱生、为人师表的基础上的,而不是随心所欲、我行我素。

(三)教师工作的创造性和灵活性

教师从事的是创造性的个体劳动,他们要向学生传授课本知识、专业知识。如何把书本上的知识变成生动有趣的、学生容易接受和吸收的知识,必须具备创造性和灵活性。中职旅游教师在教学中要旁征博引、举一反三、幽默风趣、引人入胜,要能够理论联系实际,善于应用现实生活中的材料。

(四)脑力劳动的复杂性和艰苦性

教师的劳动是塑造人的劳动,是从事劳动力再生产、科学知识再生产和社会成员再生产的一种特殊劳动。中职旅游教师每天面对的是学生,学生的复杂性、多样性、多变性决定了教师劳动的复杂性和艰苦性。要使每个不同的学生都能受到教育,都能有提高、有进步、有发展,这是一件比较难的事情。中职旅游教师向学生传授知识,要让不同的学生接受知识,也不是一件轻而易举的事情。教师要上好课,不可能靠一个教学大纲、一个教案就能解决所有问题,要有广博的知识和高超的思维能力、应变能力,才能及时处理好在中职旅游教学过程中遇到的各种问题。

(五)为人师表的示范性和榜样性

中职旅游教师是直面学生"传道、授业、解惑"的,要让学生接受教育、增强接受度,教师除了要有丰富的知识和教学技能外,还要有人格魅力。孔子说过:"其身正,不令而行;其身不正,虽令不从。""不能正其身,如正人何?"教师要用自己的行为为学生做示范、做榜样,才能起到好的教育效果。学生不仅要听教师是怎么说的,也要看教师是怎么做的,无声的语言,有时比有声的语言效果更好。教师的言行、仪表、风度、气质都对学生有很大的影响,具有潜移默化的作用。因此,教师必须时时处处严于律己,以自己的高尚品德、健康心灵、治学精神感染学生、教育学生。

二、旅游教师职业的角色

在社会生活中,角色是个人在一定的社会规范中履行一定社会职责的行为模式。每个人在社会中同时扮演许多角色,不同职业性质的差异,使每种职业扮演的角色、承担的职责都表现出不同的特点。与其他职业相比,教师的职业角色非常丰富,旅游教师也不例外。一般来说,旅游教师在学校教育中主要有六种职业角色。

(一)传授知识和培养能力者

唐代韩愈在《师说》里说："师者,所以传道授业解惑也。"旅游专业教师是旅游行业建设人才的培养者,是在特定时期、掌握特定旅游教育学科内容,再以特定的方式传授给旅游专业学生的知识传授者,通过启发学生的智慧,解决学生学习中的困惑,使学生形成自己的知识结构和能力结构。

(二)学生成长引导者

学生经过职业教育学校或高等学校的学习,最终要步入社会,成为旅游行业发展的社会建设力量。而学生对社会的理解、对旅游专业的认知与对职业的选择,都离不开教师的悉心帮助和引导。事实上,教师是学生职业生涯的第一引路人。

(三)父母与朋友

不同的年龄阶段、不同的家庭生活背景,使一些学生对教师产生不同的依赖心理,对教师的角色有不同的感知。如中职旅游职业学校的学生,愿意把教师当作他们的朋友,希望得到教师在学习、生活、人生等多方面的指导,同时希望教师成为分担他们的痛苦与忧伤、分享他们的幸福与欢乐的朋友。

(四)教学主导者

很多人将教师和学生视为管理中的两个对立面,这是不正确的认知。我们认为,旅游专业教师是旅游教育教学活动的主导者,而不是教学的管理者。旅游教师对教学的主导主要在观念层面、规划层面、组织层面、协调层面等,教与学是平等的关系,不是管理者与被管理者的关系,学习是一个交流研究、督促检查和公正评价的过程。在这个过程中,教师的职责是促使学生发挥主观能动性,让学生学会学习。

(五)示范者

旅游专业教师的言行是学生学习和模仿的榜样。夸美纽斯曾说过,教师的职务是用自己的榜样教育学生。学生具有向师性的特点,教师的言论行为、为人处世的态度会对学生有耳濡目染、潜移默化的作用。旅游教师的专业教学态度、教学技能、教学方法、研究水平等,都会对学生未来专业素质的养成形成示范作用和影响力。

(六)学习者

教学工作面对的是多变的世界,如变化的教育对象、变化的教育内容、变化的教育方法、变化的教育模式等。这种种的变化,都会对旅游教育的质量产生不同的影响,都要求旅游专业教师具有灵活应变的能力。而应变的基础就是要教师成为终身学习的人,成为学习者的角色。这些角色特点,决定了旅游教师职业的重要意义和重大责任,决定了对旅游教师的高素质要求。

三、旅游教师职业的社会作用

在现代社会生活中,旅游教师职业是不可缺少的一种职业,旅游行业的发展与进步更加依赖旅游教师作用的充分发挥。从总体看,旅游教师职业在社会发展中起着三个方面的作用。

(一)旅游教师为旅游业培养专业人才,其教学内容有助于规范旅游行业的发展

旅游业作为劳动密集型产业,是我国第三产业的"龙头",对旅游专业人才的需求量较大,因而旅游教师承担着为旅游业培养和输送专业人才的重任。同时,旅游教师的教学内容与行业标准具有一致性,对旅游业的发展具有规范作用。

(二)旅游教师是人类旅游文化的传播者,在旅游文化的延续和发展中发挥着桥梁与纽带的作用

今天的人类文明是由历史上文化科学的世代传承与创新而得来的,没有对前人文化遗产的继承就不可能有社会的巨大发展与进步。旅游教师把人类长期积累的旅游文化科学知识经过整理传授给下一

代,对社会的延续与发展发挥着极其重要的作用。同时,旅游教师通过对旅游文化科学知识的传播,使世界各地的先进旅游文化科学成果得以相互吸收,促进了旅游的发展和进步。社会越向前发展,科学技术越进步,知识积累越多,无论是旅游文化科学知识的世代传递,还是各民族之间的旅游文化交流,都需要旅游教师发挥更大的作用。

(三)旅游教师是我国旅游教育研究的中坚力量

旅游行业的高速发展,需要一定的社会政治、经济和文化背景,更需要对旅游业的发展做出科学的判断和系统的研究。旅游教师作为旅游教育研究的中坚力量,其科研成果、行业经验对我国旅游业的发展都具有积极的促进作用。

四、旅游教师职业的社会地位

(一)旅游教师职业的社会功能

职业的社会功能是指该职业对社会的作用,如果一个职业的社会作用越大,其相应的社会地位也就越高。旅游教师职业对社会的作用是巨大的。教师是塑造人类灵魂的工程师,肩负着培养一代社会新人、延续人类社会发展的重任。教师是人类文化的传递者,在人类文化的继承和发展中起着桥梁和纽带的作用。教师的作用如此显著,贡献如此巨大,因此,教师职业是"太阳底下最崇高的职业"之一,应受到整个社会的尊重,其社会地位是比较高的。

(二)旅游教师职业的社会权利

职业的社会权利是指某一职业的从业者在履行职责时所享有的各项权利。职业从业者享有的社会权利的范围、程度与该职业社会地位的高低密切相关。教师职业从业者享有的社会权利,除了一般的公民权利外,主要还有职业本身所赋予的专业方面的权利,包括教育教学、科学研究、学术交流等方面的自由和自主权。旅游教师职业的性质决定了教师专业权利的广泛性,只有教师职业才有这方面的权利。

(三)旅游教师职业的经济待遇

经济待遇是指某一职业的从业者从社会中领取的物质报酬,主要包括工资及带薪假期、退休金等福利。一般而言,某一职业的经济待遇水平是由该职业的劳动性质和劳动形式所决定。教师职业是一种专门职业,教师的劳动属于复杂劳动,复杂劳动是一种劳动力的表现,这种劳动力比普通劳动力需要更高的教育费用,它的生产要花费较多的劳动时间,因而它具有较高的价值。这种劳动力的价值较高,表现为较高级的劳动,在同样长的时间内物化为较多的价值。由此来看,旅游教师劳动力有着较高的价值,教师职业从业者在社会总体劳动者中的经济待遇水平应和其劳动的性质与形式相称,即旅游教师的经济待遇应相当于社会总体劳动者中从事复杂劳动的劳动者享有的经济待遇水平。

总的来说,以上三个方面综合决定了旅游教师职业社会地位的高低,抽取其中任何一个方面都不足以说明旅游教师职业的社会地位。要了解现实社会中各种职业社会地位的高低,人们往往通过职业声望调查实现。因为职业声望是职业地位的反映,是对职业社会地位的主观评价,因而职业社会地位常常通过职业声望的形式表现。

第二节　旅游专业师资队伍的建设现状

改革开放 40 余年,随着旅游业的繁荣发展,我国旅游专业师资队伍的建设已经取得了重大成就,但也存在许多不足之处,主要表现在四个方面。

一、从在校教学周期看,旅游专业教师在校教学的平均周期比较短

从实际来看,与其他的传统学科相比,中职院校旅游专业的扩招

开始于 21 世纪,也就是说,许多中职院校的旅游专业设立还没有 20 年的历程,因而具有教师年轻化和在校教学的平均周期短的特点。导致这一现象的主要原因有:一是受旅游教育发展进程的影响,旅游专业的发展初期人才培养的力量集中在中等职业教育上,而旅游中职教育的大发展是在 21 世纪初,专业建设短暂的历史决定了教师队伍的年轻化。二是受旅游院校的师资大换血阶段的影响,原来从其他相关学科"转业"来的教师由于年龄偏大,到了退休阶段,补充的新人多是近 10 年毕业的、受过本专业中等教育的旅游专业人才。

二、从总量供给看,高学历的旅游专业教师在总量上供需不足

从总量来看,近年来高学历的旅游专业教师在总量上处于"供不应求"的失衡状态,导致这一现象的主要原因有三个:一是旅游学科在我国是一个新兴的学科,旅游中职教育对旅游专业师资的需求处于一个高峰期;二是中职院校提高了招聘师资的学历门槛,而旅游专业受自身学位点不足的影响,高学历的旅游专业人才培养数量不足;三是很多具有博士学位的旅游专业的毕业生直接到旅游企事业部门从事高层管理工作,没有选择教师这一职业。所以,我国目前大部分旅游中职院校旅游管理专业的高学历专业教师在数量上的缺口很大,解决旅游专业师资的供需平衡问题,建立总量稳定、进出有序的旅游专业教师队伍是旅游师资建设的关键所在。

三、从高尖人才看,与其他学科相比缺乏高尖人才

可以说,旅游学科是一门年轻的学科,在目前旅游专业教师队伍中还没有院士级人才,而大师级人才、杰出人才等高学术带头人也很少。因此,与其他学科相比,旅游专业教师队伍中缺乏高尖人才。不仅如此,在教师资源总体"供不应求"的条件下,还存在学校之间互相"挖墙脚"、师资流动不合理的现象,尤其是学科带头人和骨干教师的

流失现象十分严重,这种状况从总体上对我国旅游中职教育的全局是十分不利的。同时,旅游行政机构、旅游行业组织和旅游企业对旅游管理教师队伍中的部分精英分子实施了"猎头"活动。由于旅游专业教师的待遇和职业前景在很大程度上很难与这些部门、机构和企业相比,这使得旅游中职院校在该竞争格局中处于不利地位。旅游专业教师队伍的建设中出现了"培养一个,成熟一个,走一个"的尴尬局面,这种不断流失的现象导致教师队伍不稳定。同时,教师队伍的学术水平和理论修养、实践经验等在整体水平上长期处于原地踏步的状况,这对教学质量的提升必然会造成不良影响。

四、从准入门槛看,获得旅游专业教师资格的门槛过低

从实践特征来看,旅游专业实践性比较强,需要培养"双师型"的教师。但在旅游专业教师的培养中,很多学校既不具备教师培养的教育基础学科优势,也不具备旅游专业能力培养的优势。从某种意义上来说,旅游专业教师的培养还没有纳入国家专业教师的培养计划,很多学校的教师是根据专业选聘而来,因教师工作的需求而后考取资格证书。这种先从教后考取教师资格证书的现象,反映了与其他的传统学科相比,旅游专业教师资格的获得在"专业对口、学历层次、业务能力"等方面的考核和要求较低。这主要表现在我国旅游教育目前在岗的教师中,有一部分人没有接受过正规系统的旅游专业教育,多数旅游中职院校的中老年教师都是"半路出家",有相当一部分是历史、地理、英语等专业改行的;中等职业旅游教育专业师资队伍中的大部分教师学历不高,相当一部分是本科学历,具有硕士学位者的比例非常低,即使有的具有硕士学位,但其中许多都是非旅游管理专业的硕士学位,拥有博士学位特别是与旅游管理相关的博士学位者就更少。另外,在师资总体"供不应求"的情况下,为了迅速填补缺编的缺口,部分院校在招聘旅游专业教师时只能降低引进"门槛",难以通过引进优质师资改善存量师资的结构。这种现状将导致旅游

管理师资队伍的学历偏低,理论素养不够,且与旅游管理专业所要求的综合性、人文化有较大差距,这对旅游专业教师队伍建设和旅游专业学生培养都会造成不良影响。

第三节　旅游专业化的师资队伍建设

一、旅游教师专业化的意义和作用

(一)有助于推动旅游学科的发展及旅游学科地位的提高

在我国,旅游学作为一个独立的一级学科至今还没有得到官方的认可。在我国的专业学科目录中,没有"旅游学"这个学科名称,在1998年之前,只有"旅游经济"这个二级学科;在1998年后,取消二级学科旅游经济,国家教委的专业目录中改其为"旅游管理",隶属于管理学学科门类下的工商管理一级学科。

由以上变化可以看出,由于旅游学科的自身成熟度所限,人们对这门学科性质认识仍有差异,旅游学在学科之林中始终没有得到一个学科自身期望的独立地位。同时,旅游学的研究基础,又往往来源于经济学或管理学的基础,作为旅游学自身的理论基础还在构建之中。

旅游学科的跨学科性较强,强调学科间的协作,强调在解决问题时的各学科的相互补充作用。同时,作为旅游学科的每个分支学科,如旅游地理学、旅游经济学、旅游社会学等的发展及成熟则取决于旅游教育师资队伍中教师的专业化程度。因此,旅游学科地位的确立、旅游学科的发展有赖于旅游教育师资队伍的专业化。

(二)有助于推动我国旅游产业转型升级,实现我国由"旅游大国"向"旅游强国"的转变

当前我国处于完善社会主义市场经济体制和扩大改革开放的关键时期,也是我国旅游业由"旅游大国"迈向"旅游强国"的战略转型

期和黄金机遇期。旅游强国的实现,必然以旅游产业结构的调整为依托,而旅游产业结构调整的前提是拥有大量的旅游专业人才。这些专业人才的培养靠旅游教育。旅游教育目标的实现靠专业化的教师,因此,实现旅游教育师资队伍专业化对促进旅游业持续快速健康发展、大力开发旅游人才资源、全面提高旅游业队伍的素质、推动旅游业积极参与国际竞争、实现世界旅游强国的目标具有十分重要而深远的意义。

(三)有助于提升旅游教育,培养高素质人才

在开发旅游专业时,教师是主要承担者,对旅游人才的培养具有中继性、扩大性等效用。在教学中,教师起重要的引导作用。作为旅游学科知识的传承者,旅游专业教师必须精通某一分支学科或所教学科的知识,如旅游经济学、饭店管理学、基础旅游学等,才能在学科教学中高屋建瓴、举一反三,科学而又富于创造地达到教学目标,才能在学术上将学生带到学科的前沿。所以,加强对中职院校旅游专业教师队伍建设是一个重要而紧迫的任务,它关系到我国未来旅游业发展后续人才培养的长远大计。

二、旅游教师专业化的能力要求

(一)专业知识

在兹南尼斯基看来,每个人无论承担何种社会角色都必须具备正常担任该角色必不可少的知识。专业知识是职业专业化的关键和核心,当旅游教师被视为一种专业人员时就应具备相应的旅游专业知识。旅游教育教师从事专业知识的教学工作,他们的知识结构应不同于一般的研究人员或学科专家,也应区别于中小学教师。旅游教育教师的专业知识应包括三方面。

1. 旅游专业的学科知识

从实际来看,任何一门成熟的学科都有自己庞大的理论体系。

旅游学科虽然是一门新兴的学科,发展历史不长,但旅游学科的每一个分支学科都是将科学性、实践性、创造性集于一体的学问。

旅游学具有跨学科性,它强调学科间的协作,所以旅游教育教师还要掌握旅游分支学科所属的上一级学科的理论,如旅游经济学教师既要精通此门学科的知识,还要对经济学、产业经济学等相关理论了如指掌,酒店管理专业的教师也要掌握管理学的理论等。只有将旅游专业的学科与相关学科融会贯通,才能合理深入地解释旅游现象,把握旅游学科发展的脉络。

2. 教育科学的知识

一个旅游教师要成功地扮演好自己的角色,充分认识自身专业劳动的特殊性,不但要掌握足够的旅游专业的学科知识,而且要掌握将学科知识的学术形态转化为学科教育形态的教育科学知识。旅游教师专业劳动不仅包含科学的创新活动,而且包含育人的综合艺术。缺乏教育科学知识的人是不能成为一个合格的旅游专业教师的,教育科学知识呈现的课程主要有心理学、教育学、学科教育学、教育实习、教育科研方法、学科教学与信息技术等。

要想提升旅游教育教师专业化发展水平,既依赖于旅游教育专业化程度的提升和学科教师教育理念的更新,更依赖于上述教育科学课程本身的科学化水平的提升与理念的更新。

3. 一般文化科学的知识

旅游学科是一门综合性学科,涉及经济、管理、地理、历史、文化、建筑、语言、美学等多个学科领域。一般文化科学知识是旅游教师整个专业知识的背景。作为旅游专业教师,熟悉任教学科以外的一般文化科学知识,既可以给旅游教学提供丰富的例证,增强教学魅力,提高教学效果,也有助于开发自身的创新能力,提高教育科研水平,引导学生探索未知世界,培养学生的创新精神和实践能力。除旅游专业知识外,旅游教师专业必备的一般文化科学知识应当有外语、计算机、数学、管理、地理、历史、文化、建筑、美学等。要培养具有良好综合素质、视野广阔的面向 21 世纪、面向世界的旅游人才,旅游专业教师首先要具备宽阔的视野和渊博的知识,既要精通专业,又要是一个通才。

(二)专业能力

旅游教师的专业能力对教学活动的成效和质量有着直接的影响,它是教师在教育活动中形成并表现出的能力。这种专业能力是一个复杂的综合体,具体而言包括四个方面。

1. 学科能力

人类在从事任何活动时都需具备共同要求的能力,如观察力、注意力、记忆力、思维能力和想象能力等,被称为一般能力。而从事某种特殊活动所必需的能力,如数学能力、音乐能力、绘画能力等,被称为特殊能力。特殊能力是在一般能力中获得充分发展的某种特殊的心理活动系统。所谓学科能力,可以理解为学习和研究某种具体学科时需要的一般能力和特殊能力的总和。学科能力虽然还没有一个公认的定义,但是所有的研究者都赞同把学科能力区分为两种水平:一是学科学习能力,二是学科创新能力。这两种水平标志着旅游专业教师两种不同层次或不同类型的学科能力。

2. 学科教学能力

学科教学能力也就是运用教育理论知识开展教学行为并取得良好效果的能力。旅游专业教师的目标是为旅游业培养高素质的专门人才,教学是旅游教师的中心工作,也是旅游教育教师的首要任务。

它包括两个方面:一是实现知识形态转化的能力。旅游教育教师应具有将科学知识转化为课程知识,进而转化为教学知识的能力。这就需要旅游教育教师充分理解所教学科的知识体系,深入分析教材和参考书,把客观存在的科学知识转化为以课程形态存在的知识传授给学生。二是实现知识在主体间转移的能力。语言是教师传递教学信息、实现知识在主体间转移的重要载体。旅游教育教师在教育教学实践活动中，应力求做到书能成文，言能达意，能够与学生良好地对话和有效地沟通，实现知识在教师和学生之间的增值性转移。

在知识转移的过程中，教师要注重发挥板书的作用，重视板书，研究板书的设计。在教学实践中，旅游教育教师还要具备合理运用现代教育技术的能力和教学情景中的人际协调能力。

3. 教学反思能力

旅游教育教师要是"反思型的实践者"，要通过反思自己的教育教学行为，不断改进教育教学工作，并实施干预自己的教育教学行为，不断积累新的经验，提高教育实践能力。具有反思能力的旅游教育教师能够用批判者的眼光审视自己的教育行为，并将把思考的靶点由外显的教学行为转移到教学行为背后隐含的教育目的、课程原理和教学观念上；能比较分析各种教育理论的特点，善于对各种观念提出质疑，并在权衡各种对立或非对立的主张的基础上，选择正确的观念指导教学行为；能多角度、清晰、透彻地分析教学中出现的问题，并提出具有创造性的、恰当的解决方案，而不是人云亦云，盲目跟进；决策时能打开思路，不把自己的思维拘泥于某一点，而思考还有哪些可供选择的行为和方法，并在情景变化时，可以及时调整和改进原有的决策和行为；不仅能思考教学行为本身和行为背后的教育理念，而且认真思考教学行为可能带来的社会和个人的后果，以及教学行为的伦理价值。

4. 旅游业务实践操作能力

旅游业是一项综合产业，以服务为主要特点，要求从业人员必须有扎实的旅游专业基础知识、熟练的操作技能和解决实际问题、处理突发事件的能力。旅游学科理论知识的最终目的是运用于实践，并获得实际效益，所以要求旅游专业教师应该具有一定的实践经验，在教学授课过程中让学生有身临其境之感，而不是单调枯燥地照本宣科。专业教师在具备全面扎实的专业知识的同时，还应具备熟练高超的实际操作能力，能在教学过程中既动口又动手，既能讲解又能示范，能解答和处理学生提出的各种实际问题，这样才能避免教学理论上的滔滔不绝与演示上的捉襟见肘的尴尬局面。

（三）专业道德

专业道德是指旅游教育教师承担自己的职业角色的时候必须具备的，除了所有人应当具有的良好个性特质和思想道德品质外的专业情意和职业道德等。从旅游教育教师的专业情意和职业道德两个方面分析旅游教育教师的专业品质。

1.专业情意

专业情意是指旅游教育教师对旅游专业、旅游教育教学的一种深厚感情，是旅游教育教师投身旅游教育教学工作的强大支撑。教师只有具有较高的专业情意，才能感染并引导学生对旅游专业的热爱。

旅游教育教师的专业情意体现在四个方面：一是专业理想，是指旅游教育教师对成为一个优秀的从事旅游教育教学工作的专业工作者的向往与追求，它是推动旅游教育教师专业发展的巨大动力；二是专业情操，是指旅游教育教师对旅游教育教学工作做出带有理智性的价值评价时的情感体验，它是构成旅游教育教师职业价值观的基础；三是专业性指向，是指旅游教育教师成功从事教学工作应具备的人格特征；四是专业自我，是指旅游教育教师个人对自我从事的教学工作的感受、接纳和肯定的心理倾向，这种倾向能显著地影响到教学行为和教学效果。

2.职业道德

职业道德是社会道德原则和道德体现在专业领域的需求。优秀的职业道德具有强大的感染力。《公民道德建设实施纲要》指出，职业道德是所有员工在职业活动中应该遵循的行为准则，涵盖了员工和服务对象、专业和工人、专业和职业之间的关系。职业道德是一切教育工作者在从事教育活动中必须遵守的道德规范和行为准则,以及与之相适应的道德观念、情操和品质,是教师教育素养的核心部分,是教师的立身之本、立教之基、育人之源。具备崇高职业道德的旅游教育教师能忠于自己的教学工作,对教育事业抱以积极的态度,处处为学生着想,支持和保障学生的精神境界不断提升。

旅游教育教师职业道德的基本要求是:忠诚于人民的教育事业,坚持社会主义的教育方向,全面贯彻党的教育方针;育人为本,全面关心学生成长,热爱学生,尊重学生,公平公正地对待学生;志存高远,爱岗敬业,忠于职守,乐于奉献,自主履行教书育人的神圣职责;品德高尚,为人师表,以身作则,言传身教;务实求真,勇于创新,严谨治学,团结协作。其中,热爱旅游教育事业、关爱学生是最重要的。

三、旅游教师队伍专业化建设的基本原则

(一)专业师资建设适度超前原则

在旅游教育中,旅游师资是主要承担者,因而要从管理思路、资金投入、政策措施等方面保证旅游师资建设适度超前,力求旅游人才总量对师资的需求与旅游专业教师数量相适应、旅游人才结构与旅游师资结构相协调,从而保证旅游人才素质提高与旅游业快速发展的要求同步,实现旅游人才资源持续开发与旅游业长期稳定增长的良性互动。

(二)专业性与基础性相结合原则

旅游教育的实践办学特色要求旅游教育的师资来源要广泛,不仅是高学历的高校毕业生,还应积极聘请旅游企事业单位的行业专家和有丰富实践经验的专业技术人员作为学校的兼职教师,使得旅游理论与旅游实践相结合,促进教学和实践的结合;同时,还能帮助其他老师提高实践能力。这样,既可缩短教育与社会、学校与企业、

理论与实践的距离,也可以拓宽专业化教师队伍的来源渠道。

(三)全面性与重点性相结合原则

从教师培养对象看,教师培养工作首先是面向全体教师,因此,一方面旅游专业教师培养工作应致力于保证全体教师都有通过不同途径和方式获得培养的机会。另一方面,在师资建设资金有限的前提下,应做到重点突出,有效发挥资金投入在教师培养工作中的导向性和激励作用。

(四)多种形式培养的原则

从教师培养形式看,要逐步建立起一套适合本专业实际情况的、高效的培养体系。

第一,对于来自普通高校的教师或者是刚从高校毕业到旅游院校任教的教师,要加强他们的实践能力培养。采取有效措施,每年有计划地选送中青年专业课教师到国内外知名旅游企业或旅游行政管理部门专业实践,为他们获得行业资格证书或专业技术职称提供机会和时间。

第二,对于来自旅游企事业单位的教师,要让他们开展教育理论的学习及教学基本功训练,给予进修学习的机会,努力提高其教育学术水平。

第三,建立继续教育的培训制度。根据教师的年龄、学历、经历制订出具体的培训计划,让他们到教育部批准的旅游师资培训基地培训;或者聘请旅游师资培训基地专家和具有丰富实践经验的专业技术人员做教员,利用寒、暑假时间对在职教师开展培训。

四、提升中职教育旅游专业教师的专业能力路径

(一)构建理论与实践相互衔接的教学团队

为提升教师的专业能力,有必要在院校内部构建新型的教学团队。术业有专攻,每一个老师的兴趣点和研究重点不一样,有的侧重

于纯理论的研究,有的侧重于应用转化研究,有的熟悉学术前沿的新成果,有的了解企业行业的新动态。由各有所长的老师组建成一个或几个教学团队,就可能达到"1+1＞2"的效果。

第一,团队成员之间需要加强相关课程的衔接研究,打破各门课程之间的人为壁垒,使相关的知识相互融通、相互印证,丰富教师的知识内存,拓宽其理论视域,增强知识储备的完整性和系统性。这不仅可以加大教师课堂教学的信息量,活跃课堂教学氛围,还能让学生所学的知识相互关联,形成融会贯通的知识体系,使死的知识变成活的学问。

第二,在教学团队集体备课、互相研讨的过程中,各个老师可以分享专长,既可获得取长补短之效果,使学术性强的老师了解更多实践方面的情况,实践性较强的老师加深理论方面的修为,又可以通过深入平和的探讨,使教师个人的专业特点得到更充分的展示,从而促进教师专业素养的快速提升,形成一支一专多能的优秀教师队伍。

学校领导和院系负责人要敢于突破传统的教研室设置惯例,在认真分析各课程之间的关联性和各老师之间的专业互补性的基础上,出台相关的政策措施,引导和激励教师自行组建科学合理的新型教学团队,并为教学团队提供必要的场地、资金和设施支持。

(二)搭建教学与实践能力双提升的应用平台

教师专业能力的提升需要相应的平台,如何搭建这样的平台也是一个值得各个院校认真思考的问题。

1.搭建好培训交流平台

定期举办学校与当地经济建设、学校与地方文化、学校与当地教育事业等方面的论坛,就中等教育旅游专业问题加强交流探讨;督促相关老师根据培训要求,深化专业理论,研究现实问题,提高理论水平和解决实际问题的能力。

2.搭建好创新创业平台

制订鼓励和规范教师去旅游单位兼职的政策措施,完善由专长和管理能力的老师领办或创办经济实体的制度机制,激励广大老师主动参与创新创业,在实践中增长才干。学校应当为教师参与创新创业提供便利的服务,激活隐藏在教师身上的知识和能力要素,加快科学技术向生产力的转化。

3.搭建好进修深造平台

学校为地方提供高质量、宽领域的服务,需要有一批理论研究和实践能力十分优秀的教师群体,具有地方企事业单位所不具备的专业理论和技术优势。结合学校的旅游专业建设,面向地方产业升级和社会建设的需要,有针对性地选派老师去国内外著名的学府和企业进修深造,提升他们的理论造诣和专业技能水平。

(三)创建传承与创新相统一的课堂教学模式

提升课堂教学能力是中职教育旅游的专业化师资队伍建设的当务之急。教学是学校培养人才的最主要方式,教学能力是教师最根本的能力。

1.在深化课堂教学改革中提升教学能力

和基础教育比较,中职教育更应该具备课堂教学改革的条件。从可能性看,学生的综合素质比较高,没有升学率的压力,没有海量的作业和考试;从必要性看,大多数中职院校的学生毕业后将直接进入社会,学校是他们在教师的教导下增强独立思考和独立处理问题的能力、增强自我学习与自我管理的能力、增强理论联系实际的能力的最后机会,个人能力和人格的成长比掌握一些抽象的概念和公式更加重要。但可能性和必要性并不代表事实,中职课堂教学改革无论从氛围还是从效果看,都滞后于基础教育。提高教师的课堂教学能力必须改变教师的教育理念,把教学对象当作灵动的生命个体,而不只是接受知识的容器,他们也有表达自身观点、意见的愿望;要改变教师的教学方式,不是让学生被动地接受,而应启发学生的思维,调动学生自主学习的积极性和内在潜力;必须改变教师的教学角色定位,把课堂的主体地位还给学生,把每堂课的部分时间留给学生,让学生自主探究、相互交流、自我展示。学校应当坚定推进课堂教学改革的信心和决心,给教师提供课改的压力、动力和平台。

2.传承和发扬优秀教学传统中提升教学的能力

从孔子开始,中华民族就积累了许多教书育人的经验,中华人民共和国成立后也有许多成功的教学方法,特别是很多院校在兴办师范专科教育时创造了许多独到优秀的教学方法,这些都是十分宝贵的教学资源,应当认真继承和发扬。同时,应不断丰富新时期教学手段,如教学相长,把优秀的传统教学手段与课堂教学改革有机结合,这是提高教师教学能力和教学效果的最佳选择。

(四)筹建教学与科研相循环的促动机制

在一些院校中,存在不同程度教学与科研相脱节的现象。有的教师教学能力强,所上的专业课很受学生欢迎,但对课题申报和学术研究不感兴趣,多年不发表科研论文;有的教师则一心一意搞课题、发文章,把教学当副业,课堂教学质量一直徘徊不前。在学术研究中,围绕教学过程中碰到的问题申报课题立项的少,把科研成果运用到教学中的更少。因此,以科研推进教学,以教学促进科研,形成教学与科研的良性互动机制,应该成为教师提升教学能力的重要措施。

1.鼓励教师围绕教学教法生成和申报课题

认真研究当前旅游专业学生的个性特点和兴趣爱好,研究教学方法与新时期人才培养目标的适配性,研究如何运用新媒体丰富教学手段,提高教学效果等。学校可以提高这类课题的课题经费的配套比例。

2.引导和促使教师教学与科研协调发展

对热心教学、科研能力相对较弱的教师,应鼓励他们做一些课题研究,并定向安排一些校级课题请他们研究;对那些对教学不感兴趣的教师,通过督导等手段促使他们把一部分精力用在提高教学能力上,引导他们把科研的热情和智慧与改进教学方法有机结合,以此实现两种类型的教师优势互补,促成其结对帮扶,取长补短。

3. 保证年轻教师有适当的学习研究时间

一些院校的中青年教师承担了大量的教学工作,加之他们的家庭负担较重,上有老下有小,用于科研的时间和精力较少,导致其既没有时间补充新的知识,优化知识结构,更没有时间静下心研究一些学术问题,升华教学方法。长此以往,不仅无法提升其教学科研能力,而且教学热情和职业幸福感也会逐年下滑,这对学校的持续发展是十分不利的。

(五)重建知与行相统筹的评价体系

科学的评价标准可以使教师的专业能力得到提升。对学校来说,制订完备的教学质量评价体系,是围绕转型发展目标提高教师专业能力的重要手段。

第一,在评价体系中适当加大实践能力的权重,彻底改革过去以发表论文多少衡量教师能力强弱的做法,把教师的实际操作能力、科技转化能力和组织管理能力纳入考评内容,细化评价标准,保证教师的实践能力得到应有的重视。同时也不能矫枉过正,忽视理论修为的重要性。

第二,根据评价要求不断完善考评机制。教师实践能力的内涵比较复杂,主要有实践创新能力、指导学生实践的能力、科技成果转化应用能力等,相互之间要有个相对公平的分值,既要考虑实际效果,也要考虑过程;既要考虑经济效益,更要考虑社会效益。为确保考评的公平公正,评委的组成要有教师、学生、企业行业的专业人员等。

第三,强化考评结果的运用。学校要把考评结果与教师的评先评优、晋职晋级、绩效工资、进修培训等内容挂钩,严格兑现,拉大不同能力、不同业绩的教师之间的经济和政治待遇的差距,打破平均主义的思维和做法,真正发挥考评的导向激励作用,促进老师专业能力的不断提高。

(六)兴建名师与后学相促进的成长模式

在学校的教师群体中,有一批思想活跃、充满朝气的年轻老师,也有一些教学经验丰富、科研成果丰硕的老教师。他们各有所长,各有所短,在日常的教学科研中表现出明显的互补性。但这种互补或者合作,都是自发的、随意的,缺乏相应的规范。学校应当把这种互补或合作用制度的方式固定,成为培养年轻教师成长、提升其教学能力的重要途径。

1.建立学校名师工作室

在本专业遴选几个在圈内有一定的影响、教学经验丰富的教师,组建若干名师工作室,若校内暂缺这样的人才,也可以从校外聘请名师组建工作室。每个名师工作室配备一定数量的年轻教师,借用中国民间工艺传承的师徒制模式,由名师带班授艺。这种模式相比于一般的行政或学术上的隶属模式,其传承意味更加浓郁,更能加深相互之间的关系。

2.明确名师的责任和权利

名师可以把名师工作室的其他成员当作助手,为自己的教学科研提供必要的帮助,在共同的事业追求中加深理解,增进默契,名师有权开除责任心不强的成员。同时名师也有责任帮助他们提升教学科研能力,无私传授给他们自己长期积累的研究方法和感悟。学校要建立健全名师工作室制度,把培养后学的成效纳入名师工作室考核的重要指标,对工作室成员教学科研能力提升明显的名师给予相应的物质奖励,对只讲权利不讲责任的名师可取消其资格或撤销其工作室。

3.为名师培养后学提供良好条件

名师工作室最主要的任务是手把手培养教师,学校有责任和义务给予必要的支持。每年安排一定数量的名师工作津贴,并为名师工作室配备相应的工作经费,对成效明显、业绩突出的名师工作室给予奖励,对"带徒"有功的名师在职称晋级和绩效分配上给予倾斜。

(七)优化教师队伍结构

推进教师队伍结构改善,必须统筹兼顾,科学决策,明确思路,统一思想,形成合力,务求实效。

1.坚持以学科专业建设为核心

师资结构调整必须以学科专业为依托,紧紧围绕专业建设展开。脱离学科和专业建设调整师资队伍结构,就会失去着力点和实际归宿,必然成为无源之水,无本之木。学科和专业建设是调整师资结构的主要依据,也是检验师资结构调整是否到位、效果是否明显的唯一标准。师资结构调整必须始终适应和满足学科专业结构调整的需要。基于此,在调整师资结构的过程中,应当建立健全两个机制。

(1)敏捷的社会需求反应机制

突破传统的专业和课程设置闭环,建立面向社会需求的反应敏捷的调适机制,对中职院校旅游专业课程设置和专业调整至关重要。学校应当组建专业团队系统分析旅游产业的形成与发展情况,加强对区域经济发展方向的研究,积极参与地方经济和文化建设,把握国家产业布局和发展趋势以及区域经济特点,并以此作为学校专业和课程调整的现实依据。只有深度融入国家和地方的经济文化建设,各个院校才能科学合理地确定学科和专业布局,进而引领学校教师队伍结构的调整。

(2)有效的专业创新机制

学校要履行为地方经济社会服务的职能,在专业建设上就应当配备较强的社会适应和创新能力的教师队伍。对旅游产业和新的人才需求导向不仅要有敏捷的认知和把握能力,还要有快速的行动力,这种行动上的敏捷既需要有一支高素质的、适应能力超强的教师队伍做保障,同时也能够进一步促进教师队伍结构的优化。

2.坚持以动态化管理为手段

教师队伍结构优化实质上就是打破原有的固化结构,突破原有体制机制的藩篱,清除一评定终身的陈规,构建充满活力的动态师资结构,让各种要素自由流动,各类资源活力迸发。如果没有管理上的创新做保障,教师队伍结构优化就只能是一个美丽的"童话"。

(1)职称能上能下

长期以来,学校教师的职称都是"单行道",只能上不能下,职称是每一个教师最大的追求,也是最好的保障。很多教师开展教学只为攒够课时量,申报课题撰写论文只为迈进职称晋升的门槛。一旦达到目标,便偃旗息鼓,不思进取。有职称这个"丹书铁券"的保护,他们能完成本职工作已属难能可贵,而寄希望于他们关注科技前沿,更新专业知识,拓展专业领域,提升专业能力,无异于缘木求鱼。因此,只有开通职务既能上也能下的路径,根据考核教学业绩和科研成果,对无所作为的教师实行中职低聘,才能激活他们的内在动力和内在潜力,也才有可能使其在师资结构调整中具有更大的适应性。

(2)职务能升能降

由于官本位思想的影响和一些院校行政权力高于学术权力的现实,很多教师便期望通过各种途径从教学岗位转到行政管理岗位,并行使相应的管理职能,甚至一些功成名就的教授也放弃学术研究,跻身于行政管理行列。实际上,即使在学校这种行政色彩相对淡一些的单位,也一直保存着职务能升不能降的传统,导致行政职务也成了安稳的"避风港",成为很多教师向往的栖身之所,以期在这里既能掌握一定的资源,又能避免学术科研的竞争压力。一些学术能力较强而管理能力不足的教师也想方设法往行政岗位转,这就导致原本不多的教师资源被浪费,行政管理效能又受到影响。因此,应加强对行政管理人员的目标管理考核,对不能胜任本职工作的管理者实行降职处理,让行政管理岗位也经受评价和考核的检验,使行政职务不再成为人人向往的"避风港",如此便能较大程度地提高管理效率,让一些优秀教师重新回到教学一线,提高地方中职院校教书育人的整体水平。

（3）岗位能多能少

教师资源的相对稀缺是优化师资结构的最大制约,这种稀缺既表现为旅游专业在人才引进时选择度不高,一些急需人才资源稀缺,难以引进;也表现为受人事编制限制,校内的专业教师数量不足,加之学校面面俱到的管理系统占用了较多的事业编制,在一定程度上加重了专业老师总量不足的程度。由此来看,要根据学科专业建设的需要优化师资结构,无疑是一项难度极大的工作。要实现师资结构优化的目标,最有效的方法就是提高能力复合型老师的比重,让大多数教师具备一专多能的素质,既能在某个岗位做出骄人的业绩,又能胜任有一定关联性的其他岗位的工作。只有这样,才能在培育专业的过程中得到及时有效的师资保障。学校一方面应当引导和鼓励教师关注产业发展和科技前沿动态,突破学科和专业壁垒,加强相关领域的课题研究和技术攻关;另一方面要加强教师的培养培训,根据学校发展规划和专业建设重点,提前安排教师进行新知识、新技术和新能力的培训。对调整专业之后的富余师资,也要通过进修培训,使其找到并胜任新的工作岗位。

3. 坚持以教育发展规律为遵循

优化教师队伍结构必须严格遵循中职教育发展规律,既不能照搬照抄其他行业和部门的做法,也不能搞长官意志和轻率决策。

（1）坚持眼前与长远相结合

优化教师队伍结构,一方面要着眼当前,按照问题导向思维,解决好教师队伍结构失衡、效率低下的问题,特别要破解好学校教师资源不足和浪费严重、"产能过剩"和有效供给不足同时存在的矛盾,以优良的师资结构提升育人质量和办学效益。另一方面又要放眼长远,把握经济社会发展趋势和变化规律,把握中等教育的发展方向和内在规律,让思想观念紧跟时代发展的步伐,用前瞻性思维谋划专业布局和师资结构,防止结构调整大起大落,劳民伤财。

(2)坚持坚守与应变相结合

教师队伍结构优化调整应当坚守中职教育的话语体系,用符合中职教育规律和高知识群体特点的思维和方法推进,不宜完全套用市场经济的方法和物质刺激的手段;应当坚守本校的办学特色,以学科特点和专业特色为基础,打造独具特色的师资队伍结构,不宜东施效颦,丧失本色,导致师资结构大众化和同质化。与此同时,又要用开放和开明的心态谋划师资结构,善于和勇于吸纳新的资源,吸收新的理念,吸取新的经验,因势而变,顺势而为,使师资队伍结构与时俱进,充满活力。

(3)坚持实际与创新相结合

实事求是、从实际出发是马克思主义的思想路线,也是优化教师队伍结构的基本方法。一方面打造优良的教师队伍结构,要立足于学校的实际,包括办学条件和教师队伍实际情况,循序渐进,协调推进,切忌贪大求全,好高骛远,急躁冒进。另一方面又要大胆创新,在路径上、方式方法上独辟蹊径,根据不同的情况、不同的对象和不同的问题采取不同的方法和措施,因时施策,因事施策,切忌食古不化,简单粗放。

4. 坚持以服务促优化为原则

教师队伍结构优化既要有科学求实的精神,更要有服务至上的理念。过分强调行政推动力和制度约束力,而忽略院校和专业自身的特点,放弃服务师生的基本宗旨,是无法实现优化教师队伍结构目标的。以提供优质服务为手段,激发教师的主动性和创造性,是教师队伍结构优化的最佳路径。

(1)寓服务于以人为本之中

确立以人为本的思想,是开展优质服务的逻辑起点,一个以物为本或视人为物的管理者是不可能产生服务意识的。在优化师资结构过程中,必须突破把人与财、物并列起来作为管理对象的传统思维,突出人的主体性和主体地位,教师队伍结构优化要让教师在各个岗位上都能有所建树,必须激发和保护好教师内在的主动性和创造性,否则师资结构调整只能成为一种摆设。把教师作为学校学科专业建设和优化师资结构的主体,竭诚为他们服务,是激发和保护他们主动性与创造性的唯一途径。

(2)寓服务于民主决策之中

无论是优化学历结构还是职称结构,抑或是打破学缘、地缘结构,每一项政策措施的出台,都要尊重和保护教师的知情权、参与权和决策权,坚持人格平等、相互尊重,通过平等对话、沟通交流,达到集思广益、科学决策的目的。教师参与决策,并不只是起着提建议、谋良策的作用,更重要的是统一认识、达成共识、推动落实。如果仅仅把教师当成执行学校政策规定的工具,那再好的决策都难以落到实处并达到预期效果。

(3)寓服务于竭诚为教师排忧解难之中

受办学条件和经济实力的制约,学校相当一部分教师的工作和生活都存在一些不尽如人意之处,师资结构调整还会给一部分教师增加新的困难和困惑。如果只两眼盯住前方的目标,而不顾留给教师的困难和问题,这样的进步是走不了多远的。只有"瞻前顾后"、协同推进,才能获得成功。因此,应当高度重视师资结构调整过程中出现的矛盾和问题,特别是教师遇到的困难,及时主动为他们排忧解难。对那些因能力或业绩不能胜任本职工作而受到降级降职的老师或管理人员,要因人而异,有的放矢,用不同的方法,有针对性地帮助他们卸掉包袱,提供新的创业机会和事业平台,以和谐安定的干事环境保障师资结构调整工作的顺利进行。

参考文献

[1]雷晓琴,谢红梅,范丽娟.旅游学导论[M].北京:北京理工大学出版社有限责任公司,2018.

[2]王毅卓.中外旅游教育比较研究[M].长春:东北师范大学出版社,2018.

[3]金丽娟.旅游市场与人才培养战略[M].天津:天津大学出版社,2018.

[4]保继刚.中国旅游教育:发展、问题与挑战[M].北京:中国旅游出版社,2018.

[5]中国旅游协会旅游教育分会.中国旅游教育蓝皮书:2017—2018[M].北京:中国旅游出版社,2018.

[6]谢春山.旅游理论的多维研究[M].北京:中国旅游出版社,2018.

[7]郑山明.地方本科院校教师队伍建设研究[M].北京:光明日报出版社,2017.

[8]雷晶.旅游礼仪[M].武汉:武汉理工大学,2017.

[9]吕春莉.高等旅游教育发展研究及人才培养[M].济南:山东人民出版社,2017.

[10]田莉.旅游礼仪实务[M].北京:中国铁道出版社,2017.

[11]张洪波,杨小明,王成,等.基于行业标准化下高职旅游专业人才培养研究[M].北京:北京理工大学出版社,2017.

[12]罗如学,刘晓丽,尤妙娜.旅游管理应用型人才协同培养模式创新研究[M].北京:中国书籍出版社,2017.

[13]范德华.云南旅游职业学院人才培养工作评估的实践与创新[M].昆明:云南大学出版社,2016.

[14]李燕军.旅游市场需求与本科人才培养的对接[J].吉林工商学院学报,2010(2):44-46.

[15]谢宝丰.区域旅游战略分析的关键要素及其实证研究[D].桂林：广西师范大学,2014.

[16]张世艳.从供给侧改革看高职旅游专业人才培养[J].商业经济,2016(11)：163-164.

[17]柏波.传统旅游企业现代转型的实现路径研究：以成功转型景区为例[D].上海：上海师范大学,2013.

[18]原哲.基于旅游人才市场需求下的旅游高等教育改革研究[D].大连：辽宁师范大学,2010.

[19]张丹.渝东南旅游演艺发展与人力资源开发研究[D].重庆：重庆师范大学,2012.

[20]张笑薇.旅游市场需求分析及旅游人才培养研究[J].当代经济,2016(12)：55-56.

[21]孙茜雯.中职旅游人才培养模式研究——以武汉市供销商业学校为例[D].武汉：华中师范大学,2016.

[22]雷林子.中职旅游专业学科发展的若干问题[J].文学教育,2016(18)：184-185.

[23]谢苏.旅游市场需求与旅游人才培养的有关问题[J].边疆经济与文化,2011(1)：80-83.

[24]高峰.商丘市旅游人才资源开发研究[D].武汉：华中师范大学,2011.

[25]刘剑,许云林,杨鹏飞,等.我国智慧城市发展现状与规划建设研究[J].农村经济与科技,2019,30(4)：203,205.

[26]事胜阻,杨建武,刘江日.当前我国智慧城市建设中的问题与对策[J].中国软科学,2013(1)：6-12.

[27]单志广.智慧社会为社会信息化指明方向[J].人民周刊,2018(5)：59.

[28]丁风芹.我国智慧旅游及其发展对策研究[J].中国城市经济,2012(1)：34,36.

[29]李超民.智慧社会建设：中国愿景、基本架构与路径选择[J].宁夏

社会科学,2019,2:118-128.

[30]丁波涛.从信息社会到智慧社会:智慧社会内涵的理论解读[J].
电子政务,2019,199(7):125-133.

[31]王锋.智慧社会环境下的政府组织转型[J].中国行政管理,2019
(7):89-93.

[32]艾瑞咨询.中国在线旅游度假行业研究报告[R].北京:上海艾瑞
市场咨询有限公司,2020.

[33]朱瑞.中国旅游发展笔谈——"十四五"时期我国旅游业发展展
望[J].旅游学刊,2020,286(6):5.

[34]李君铁,高慧君.信息化视角下的全城旅游[J].旅游学刊,2016,
31(9):24-26.

[35]刘叶刻,吴儒练,陈楠.智慧旅游:概念界定与实践发展[J].乐山
师范学院学报,2015,30(11):56-60.

[36]董路.旅游信息服务视阈下的智慧旅游概念探讨[J].大观:东京
文学,2017(6):241.

[37]张红梅,梁昌勇,徐健."旅游+互联网"背景下的智慧旅游云服
务体系创新[J].旅游学刊,2016,31(6):12-15.

[38]金振江.智慧旅游[M].2版.北京:清华大学出版社,2015.

[39]张红梅,梁昌勇,徐健."旅游+互联网"背景下的智慧旅游云服
务体系创新[J].旅游学刊,2016,31(6):12-15.

[40]李伟,魏翔."互联网+"旅游[M].北京:中国经济出版社,2015.

[41]李云鹏,晁夕,沈华玉.智能旅游:从旅游信息化到旅游智慧化
[M].北京:中国旅游出版社,2013.

[42]百度地图.2019年国庆节假期出行预测报告[R].北京:中国百
度有限责任公司,中国交通运输部科学研究院,2019.

[43]张凌云,黎嘎,刘钣.智慧旅游的基本概念与理论体系[J].旅游学
刊,2012,27(5):66-73.

[44]王辉.国内智慧旅游研究综述[J].中国经贸导刊,2014(17):
38-41.

[45]张凌云,乔向杰,黄晓波.智慧旅游理论与实践[M].天津:南开大学出版社,2017.

[46]张凌云.中国智慧旅游建设的现状与趋势[M].北京:社会科学文献出版社,2013.

[47]吴红辉.智慧旅游实践[M].北京:人民邮电出版社,2018.

[48]李丁,贾志洋,等.智慧旅游管理与智能推荐技术[J].中国管理信息化,2013,16(7):80-81.

[49]安雪莲.信息化时代背景下智慧旅游管理[J].旅游纵览(下半月),2015(8):24-25.

[50]刘军林,范云峰.智慧旅游的构成、价值与发展趋势[J].重庆社会科学,2011(10):121-124.

[51]姚志国,鹿晓龙.智慧旅游:旅游信息化大趋势[M].北京:旅游教育出版社,2013.

[52]潘妍,李芮.智慧旅游发展背景下的旅游服务营销创新[J].读天下(综合),2017(16):285.

[53]王树银.旅游电子商务:旅游网站的两种盈利模式[J].经营管理者,2008(13):99,121.

[54]杨路明,亚宁.现代旅游电子商务教程(第二版)[M].北京:电子工业出版社,2017.

[55]齐新.我国旅游业如何实施电子商务[J].电子商务,2011(9):16,22.

[56]梁方方,江金波.基于电子商务的中国旅游产业的创新发展探析[J].北京:中国电子商务,2013(9):17-18.

[57]李俊楼,马卫.我国旅游业电子商务发展现状及策略分析[J].电子商务,2013(9):28-30.